Mohammad Kaleem Galamali

Perguntas tutoriais para redes e sistemas operativos

Mohammad Kaleem Galamali

Perguntas tutoriais para redes e sistemas operativos

Um banco de perguntas pronto para ajudar os académicos nas TIC

ScienciaScripts

Imprint

Cover image: www.ingimage.com

This book is a translation from the original published under ISBN 978-620-8-42103-8.

Publisher:
Sciencia Scripts
is a trademark of
Dodo Books Indian Ocean Ltd. and OmniScriptum S.R.L publishing group

120 High Road, East Finchley, London, N2 9ED, United Kingdom
Str. Armeneasca 28/1, office 1, Chisinau MD-2012, Republic of Moldova, Europe
Managing Directors: Ieva Konstantinova, Victoria Ursu
info@omniscriptum.com

Printed at: see last page
ISBN: 978-620-8-64760-5

Conteúdo

Dr. Mohammad Kaleem GALAMALI

Agradecimentos

Escrever um manuscrito é uma aventura nobre que, no entanto, não pode ser levada a cabo sem o apoio e o encorajamento das pessoas próximas do autor, durante vários meses. É após a conclusão do esforço que a apreciação da realização pode ser sentida no fundo do coração do autor, especialmente porque este é o meu primeiro conjunto de tutoriais concebido para as TIC.

Como crente, considero primordial agradecer sinceramente a Deus pelos Seus vastos favores em cada passo da vida. Agradeço de coração à minha mulher o apoio contínuo em casa para este trabalho académico, o debate de ideias, as críticas pertinentes e o cuidado com os nossos três filhos. Um agradecimento especial aos meus pais por ajudarem a tomar conta dos nossos filhos durante os dias de trabalho e por todos os outros favores que nos concedem.

No entanto, os meus agradecimentos excepcionais vão para os meus professores e supervisores de doutoramento, Professor Dr. Nawaz Ali Mohamudally e Professor Dr. Nimal Nissanke, pelas suas sessões muito dedicadas de aconselhamento e orientação. Sinto sempre a sua presença espiritual ao longo das minhas actividades académicas.

"A simplicidade, levada ao extremo, torna-se elegância." - Jon Franklin, cientista informático.

Dr. Mohammad Kaleem GALAMALI (PhD), Académico Pensador Visionário.

República da Maurícia, janeiro de 2025

Correio eletrónicomkaleemg@gmail.com

Resumo

Depois de ter leccionado várias vezes os módulos de Redes e de Sistemas Operativos em TIC, acabei por obter um número significativo de perguntas e combiná-las para os dois módulos, para tentar publicar um livro. O objetivo é facilitar aos jovens académicos a obtenção de um conjunto de perguntas prontas para os dois módulos em TIC. Os dois conjuntos de perguntas aqui apresentados aplicam-se melhor principalmente ao nível de licenciatura em cursos universitários. É claro que a sua aplicabilidade a cursos de nível avançado pode ser apreciada por muitos académicos à sua discrição. É de notar que é possível que os académicos adaptem estas perguntas às suas necessidades.

As perguntas e exercícios aplicáveis aqui são maioritariamente teóricos e não requerem assistência de hardware. Algumas perguntas estão definidas como "orientadas para a pesquisa na Internet". A pesquisa aqui pretendida pode ser efectuada facilmente através de um computador de secretária ou de um computador portátil ou de um tablet ou de um smartphone. A este nível, parte-se do princípio de que o hardware necessário é disponibilizado aos estudantes em causa. Com a noção de hardware atualmente em voga, não são apresentadas outras configurações pormenorizadas para os estudantes ou mesmo para os académicos.

Para Networking, foi consultado o seguinte manuscrito: https://www.tutorialspoint.com/data communication computer network/data communicatio n computer network pdf version.htm.

Para os sistemas operativos, foi consultado o seguinte manuscrito: https://www.tutorialspoint.com/operating system/os pdf version.htm.

Os alunos podem utilizar as perguntas para facilitar a auto-aprendizagem. Naturalmente, é sempre recomendável que os alunos comuniquem corretamente com o seu formador, que, por sua vez, deve efetuar um acompanhamento próximo.

Glossário

Os termos que aparecem maioritariamente na sequência da restante secção deste manuscrito foram preferencialmente mantidos aqui.

Secção 1: Tutorial de rede.

TIC	Tecnologias da informação e da comunicação.
PAN	Rede de Área Pessoal.
LAN	Rede local.
HOMEM	Rede de Área Metropolitana.
WAN	Redes de área ampla.
IP	Protocolo Internet.
IPv4	Protocolo Internet Versão 4.
IPv6	Protocolo Internet versão 6.
MAC	Controlo de acesso aos meios de comunicação.
IEEE	Instituto de Engenheiros Eléctricos e Electrónicos.
VLAN	Rede local virtual.
UTP	Par entrançado sem blindagem.
STP	Par entrançado blindado.
OSI	Interligação de sistemas abertos.
MD5	Digestão da mensagem 5.
PCM	Modulação por código de impulsos.
PLC	Comunicação por linha eléctrica.
VLF	Frequência muito baixa.
LF	Baixa frequência.
MF	Frequência média.
FDM	Multiplexagem por divisão de frequência.
TDM	Multiplexagem por divisão do tempo.
WDM	Multiplexagem por divisão de comprimento de onda.
MDL	Multiplexagem por divisão de código.
QoS	Qualidade do serviço.
DNS	Servidor de nomes de domínio.
FQDN	Nome de domínio totalmente qualificado.
PIM	Multicast independente de protocolo.
TTL	Tempo para viver.

MTU	Unidade de transmissão máxima.
Bit DF	não fragmentar bit.
ARP	Protocolo de Resolução de Endereços.
ICMP	Protocolo de Mensagens de Controlo.
DHCP	Protocolo de configuração dinâmica do anfitrião.
TSAP	Pontos de acesso ao serviço de transporte.
TCP	Protocolo de Controlo de Transmissão.
SO	Sistema operativo.
TPDU	Unidade de dados do protocolo de transação.
TCP/IP	Protocolo de Controlo de Transmissão/Protocolo de Internet.
FTP	Protocolo de transferência de ficheiros.
GUI	Interface gráfica do utilizador.
P2P	Entre pares.
RPC	Chamada de procedimento remoto.
POP	Protocolo dos Correios.
SMTP	Protocolo simples de transferência de correio.
HTTP	Protocolo de transferência de texto.

Secção 2: Tutorial de sistemas operativos.

SO	Sistemas operativos.
CPU	Unidade central de processamento.
NOS	Sistema operativo de rede.
E/S	Entrada/Saída.
ESPÓLIO	Operações periféricas simultâneas online.
PCB	Bloco de controlo do processo.
ID	Identificação.
FCFS	Primeiro a chegar, primeiro a ser servido.
SJF	O trabalho mais curto primeiro.
LJF	O maior trabalho em primeiro lugar.
SRT	Tempo restante mais curto.
MMU	Unidade de gestão de memória.
LFU	Menos utilizado.
UFM	Mais frequentemente utilizado.
DMA	Acesso direto à memória.
OTP	Senhas de uso único.
EUA	Estados Unidos.

Secção 1: Perguntas sobre o tutorial de redes

Capítulo 1 - Visão geral.

1. O que é uma "rede"?
2. O que é um "periférico computorizado"?
3. Dar (num máximo de 5) exemplos de periféricos computorizados.
4. Qual é o principal objetivo da interligação entre computadores nas redes?
5. Quais são as duas principais categorias de meios através dos quais os computadores se podem ligar uns aos outros?
6. Quais são os quatro principais atributos que decidem as categorias de redes de computadores?
7. Explicar cada um dos seguintes atributos que decidem as categorias de redes informáticas:

i. Âmbito geográfico. (5 elementos de resposta)

ii. Interconectividade. (5 elementos de resposta)

iii. Administração.

iv. Arquitetura de rede. (3 elementos de resposta)

8. O que se entende por cada um dos seguintes elementos:

a. uma rede pública. b. Uma rede privada.

9. Indicar (num máximo de 3) os principais tipos em que uma rede informática pode ser classificada.
10. Enumerar (no máximo 8) as aplicações de rede que oferecem vantagens aos cidadãos e às empresas.

Capítulo 2 - Tipos de redes informáticas.

1. Qual é o principal atributo que determina uma categoria de rede?
2. Explique brevemente o que é uma rede de área pessoal (PAN).
3. O que é uma "Piconet"?
4. Qual é a "categoria de rede" mais pequena?
5. Quais são os dois principais meios de conetividade utilizados numa rede de área pessoal (PAN)?
6. Qual é o alcance habitual da conetividade da rede de área pessoal (PAN)?
7. Dê (num máximo de 5) exemplos de dispositivos que podem ser ligados numa rede de área pessoal (PAN)?
8. Quantos dispositivos podem ser ligados numa "Piconet"?

9. De que forma são ligados os dispositivos numa "Piconet"?
10. Explicar o que é uma "rede local" (LAN).
11. Qual é a extensão habitual de uma "rede local" (LAN)?
12. Indique (no máximo 3) as principais organizações que utilizam "Local Area Network" (LAN).
13. Normalmente, quantos dispositivos podem ser ligados numa "rede local" (LAN)?
14. Apresentar (num máximo de 9) as principais vantagens das "redes locais" (LAN).
15. Quais são as duas principais tecnologias utilizadas numa "rede local" (LAN)?
16. Qual é a tecnologia de "Local Area Network" (LAN) mais utilizada no mundo?
17. Qual é a tecnologia de "rede local" (LAN) utilizada mais rara do mundo?
18. Explicar o que é uma "Rede de Área Metropolitana" (MAN).
19. Qual é a extensão habitual de uma "Rede de Área Metropolitana" (MAN)?
20. Indicar (no máximo 4) as tecnologias que podem ser utilizadas nas "Metropolitan Area Network" (MAN).
21. O que é a "Metro Ethernet"?
22. Que material é normalmente utilizado para construir a espinha dorsal de uma MAN?
23. Explicar o que é uma "Wide Area Network" (WAN).
24. Qual é a extensão habitual de uma "Wide Area Network" (WAN)?
25. Porque é que as "redes de área alargada" (WAN) são consideradas um equipamento de rede dispendioso?
26. Indicar (num máximo de 3) tecnologias que podem ser utilizadas em "Wide Area Networks" (WAN)?
27. O que é uma "rede de Internet"?
28. Elaborar sobre a Internet.
29. Qual é o protocolo de endereçamento atualmente utilizado na Internet?
30. Porque é que o protocolo de endereçamento utilizado na Internet está a migrar gradualmente do IPv4 para o IPv6?
31. Que material é normalmente utilizado para a espinha dorsal da Internet e porquê?
32. Em que conjunto principal de serviços a Internet está amplamente implantada?
33. Como se chama o software cliente utilizado para aceder à Internet?
34. Explique brevemente como funciona um navegador Web.
35. Enumerar (num máximo de 9) os objectivos da Internet.

Capítulo 3 - Tecnologias de rede LAN.

1. Explique cada um dos seguintes aspectos: i. Ethernet. ii. Fast-Ethernet. iii.

Giga- Ethernet.

2. Quem inventou a "Ethernet" e quando?
3. Quem normalizou a "Ethernet" e quando?
4. Indicar uma caraterística de comunicação associada aos meios de comunicação partilhados.
5. Qual é normalmente o tamanho do endereço MAC (Media Access Control)?
6. Qual é o principal objetivo do endereço MAC quando se consideram as tecnologias LAN?
7. Explicar (ou decompor) os seguintes termos:

a. 10Base2	e.	125BaseT	i.	10BaseTX	m.	100GBaseFX
b. 10Base5	f.	1000BaseT	j.	100BaseFX	n.	100GBaseLX
c. 10BaseT	g.	10GBaseT	k.	1000BaseFX	o.	100GBaseSX
d. 100BaseT	h.	10BaseFX	l.	10GBaseFX		

8. Quais são os conectores habituais para cada um dos seguintes elementos?

a. Cabo telefónico c. Cabo UTP e. Cabo de fibra ótica

b. Cabo coaxial d. Cabo STP

9. Qual foi a principal razão para atualizar a Ethernet para Fast Ethernet?
10. O que é é o nome padrão para fast Ethernet de acordo com a norma IEEE 803.2?
11. Qual é a Qual é a diferença entre a norma Ethernet utilizada para meios com fios e para meios sem fios?
12. O que é é a diferença de usar Fast Ethernet sobre fibra no modo half-duplex e full

modo duplex em fibras multimodo?

13. Quando foi introduzida a Fast Ethernet? Durante quanto tempo manteve o seu estatuto de alta velocidade?
14. Explique o que são "LANs virtuais" (VLANs).
15. Que dispositivo eliminou o problema de domínio de colisão único?
16. Que pontos fracos de um switch criam a necessidade de "LANs virtuais" (VLANs)?
17. No que respeita ao modelo de referência OSI, em que camada funciona a VLAN?
18. Como é que normalmente se consegue a comunicação entre diferentes VLANs?

Capítulo 4 - Topologias de redes de computadores.

1. O que se entende por "Topologia de rede"?

2. Explique cada uma das seguintes topologias de redes informáticas, apresentando diagramas adequados para cada uma delas:

i. Ponto a ponto. ii. Autocarro. iii. Estrela.

iv. Anel. v. Malha. vi. Árvore.

vii. Cadeia de margaridas.

3. Qual é a consequência de uma falha de um dispositivo na topologia de barramento?

4. Qual é a consequência de uma falha na linha de comunicação numa topologia de barramento?

5. Desenha um diagrama adequado que represente a "Topologia de barramento"?

6. Como se chama o dispositivo que está ligado à extremidade da linha principal da topologia de barramento?

7. Qual é o objetivo do "Terminator" utilizado na topologia de barramento?

8. Qual é a consequência habitual de terminadores desligados ou danificados na topologia de barramento?

9. Como se chama o dispositivo central utilizado na "Topologia em estrela"? Porque é que se chama "dispositivo central"?

10. Como se designa normalmente o dispositivo hub que funciona nos seguintes níveis do modelo de referência OSI?

a. Camada-1 b. Camada-2 c. Camada-3

11. Desenhar um diagrama adequado que represente a "Topologia em estrela"?

12. Qual é a consequência de uma falha de um dispositivo anfitrião na Topologia em Estrela?

13. Qual é a consequência de uma falha de um dispositivo hub na topologia de barramento?

14. Porque é que uma "topologia em estrela" é normalmente considerada uma solução barata?

15. Porque é que a topologia em anel também é considerada uma solução relativamente barata?

16. Desenhar um diagrama adequado que represente a "Topologia em Anel"?

17. Qual é a Qual é a consequência de uma falha de um anfitrião na Topologia em Anel?

18. Como é que a rede em anel é tratada em caso de falha de um anfitrião na topologia em anel?

19. Desenhar um diagrama adequado que represente a "Topologia em malha completa" das redes?

20. Desenhar um diagrama adequado que represente a "Topologia de Malha Parcial" das redes?

21. Qual é a Qual é a consequência de uma falha de um anfitrião na topologia de redes em malha?

22. Qual é a consequência de uma falha numa linha de comunicação na Topologia de Redes em Anel?

23. Qual é a principal vantagem da "Topologia de rede em malha"?

24. Qual é a principal desvantagem da "Topologia de rede em malha"?

25. Na topologia "full mesh" das redes, qual é a fórmula para calcular o número total de conexões necessárias para cada novo host?

26. Distinguir entre topologias de rede de "malha completa" e "malha parcial"?

27. Explicar o objetivo de uma topologia de rede de "malha parcial"?

28. Dê outro nome à "topologia em árvore" das redes.

29. Qual é a forma mais comum de Topologia de Rede utilizada atualmente?

30. (i) Ao utilizar redes locais (LANs) na topologia em árvore, como é que a rede normalmente dividido em três tipos de dispositivos de rede?

OU

(ii) Enumere os **três** tipos de dispositivos de rede em que uma rede é dividida quando utiliza redes locais (LANs) na topologia em árvore.

OU

(iii) Explicar o papel principal de cada um dos seguintes tipos de dispositivos de rede em que se divide uma rede quando se utilizam redes locais (LAN) na topologia em árvore.

a. A camada de acesso.

b. A camada de distribuição.

c. A camada central.

31. Desenhar um diagrama adequado que represente a "Topologia em Árvore" das redes?

32. Qual é a raiz da árvore na "Topologia em Árvore" das redes?

33. Qual é a Qual é a consequência da falha da raiz na "Topologia em Árvore" das redes?

34. Qual é a Qual é a consequência de uma falha de ligação na "Topologia em Árvore" das redes?

35. Desenhar um diagrama adequado que represente a "Topologia em cadeia" das redes?

36. Qual é a Qual é a conseqüência de uma falha de host na topologia de rede Daisy Chain?

37. Qual é a Qual é a consequência de uma falha na linha de comunicação na topologia Daisy Chain de
Redes?

38. Qual é o papel dos anfitriões intermédios na "Topologia Daisy Chain" das redes?

39. O que é uma "topologia híbrida" de redes de computadores?

40. O que é a "topologia híbrida" das redes informáticas?

41. Desenhar um diagrama adequado que represente a "Topologia Híbrida" das redes?

42. Qual é o melhor exemplo da maior "Topologia Híbrida" de redes?

Capítulo 5 - Modelos de redes de computadores.

1. Porque é que a ligação em rede a nível da engenharia é considerada uma tarefa complicada?

2. Quais são os componentes subjacentes à ligação em rede que fazem com que a ligação em rede a nível da engenharia seja considerada uma tarefa complicada?

3. Como é que a complexidade da ligação em rede a nível da engenharia é tida em conta?

4. Explicar o funcionamento de cada um dos seguintes elementos:

i. Arquitetura em camadas dos modelos de rede.

ii. Sistema de comunicação em camadas.

5. Apresentar um diagrama adequado para o sistema de comunicação em camadas.

6. (i) Qual é o objetivo do encapsulamento num sistema de comunicação em camadas?

Ou

(11)Como é que as camadas de um sistema de comunicação em camadas identificam as suas contrapartes?

7. Elaborar o modelo Open System Interconnect (OSI) com um diagrama adequado e uma breve descrição de cada um dos seus níveis.

8. Apresente um diagrama adequado e rotulado do modelo de referência OSI.

9. Explicar cada um dos seguintes níveis do modelo de referência OSI:

i. Camada de aplicação. ii. Camada de apresentação. iii. Camada de sessão.

iv. Camada de transporte. v. Camada de rede. vi. Camada de ligação de dados.

vii. Camada física.

10. Explicar o modelo da Internet, apresentando um diagrama adequado e breves explicações sobre cada um dos seus níveis.

11. Apresente um diagrama adequado e rotulado do modelo da Internet.

12. Explique cada uma das seguintes camadas do modelo da Internet: i. Camada de aplicação.

ii. Camada de transporte.

iii. Camada Internet. iv. Camada de ligação.

13. Indique uma diferença entre a camada mais baixa do modelo de referência OSI e o modelo Internet.

Capítulo 6 - Segurança de redes informáticas.

1. Explicar a lógica subjacente à segurança das redes informáticas.
2. Dar as duas utilizações limitadas da Internet durante os seus primeiros dias.
3. Enumere (no máximo 6) dados altamente sensíveis que pessoas comuns podem enviar na Internet.
4. Descreva brevemente cada uma das seguintes categorias principais de ameaças à segurança:

i. Interrupção. iii. Integridade.

ii. Violação da privacidade. iv. Autenticidade.

5. Qual é a técnica mais utilizada para proteger os dados enquanto estes circulam através de dados não seguros ou mesmo da Internet?
6. O que se entende por criptografia? Ilustre com um diagrama.
7. Quais são os três principais algoritmos criptográficos disponíveis atualmente?
8. Explique cada um dos seguintes aspectos:

i. Encriptação de chave pública.

ii. Encriptação de chave secreta.

iii. Resumo da mensagem.

9. Dar um exemplo de técnica de encriptação de chave secreta.
10. Indicar a principal desvantagem da técnica de encriptação de chave secreta.
11. Dar um exemplo de encriptação de chave pública.
12. Dar um exemplo de Message Digest.
13. Para que fim é o MD5 mais utilizado?

Capítulo 7 - Camada física - Introdução.

1. Qual é o objetivo da camada física?
2. Qual é a única camada do modelo de referência OSI que trata da conetividade física de duas estações diferentes?
3. Indicar (no máximo 5) os elementos definidos pelo nível físico do modelo de referência OSI.
4. Que serviço é que a camada física do modelo de referência OSI presta à camada de ligação de dados?

5. Definir cada um dos seguintes termos:

1. Sinal digital ii. Sinal analógico

6. Distinguir entre sinais digitais e sinais analógicos.

7. Enumerar (num máximo de 8) as principais razões pelas quais os sinais tendem a deteriorar-se à medida que viajam através de um meio.

8. Explique cada um dos seguintes factores de deterioração dos sinais à medida que se deslocam num meio:

i. Atenuação. iii. Distorção de atraso.

ii. Dispersão. iv. Ruído.

9. Um dos factores de deterioração do sinal num meio é o ruído.

i. Enumerar quatro factores que constituem ruído num meio.

ii. Descreva brevemente cada um dos quatro factores que constituem o ruído num meio.

OU

iii. Explicar cada um dos seguintes factores que constituem ruído num meio:

a. Ruído térmico. c. Diafonia.

b. Intermodulação. d. Impulso.

10. Definir os seguintes termos:

a. Meios de transmissão. b. Meios guiados. c. Meios não guiados.

11. Distinguir entre "meios de comunicação guiados" e "meios de comunicação não guiados".

12. Dar (no máximo 3) exemplos de cada uma das seguintes situações:

a. Meios de comunicação guiados. b. Meios não guiados.

13. Qual é a principal desvantagem dos meios de comunicação não guiados?

14. O que se entende por "capacidade do canal"?

15. Quais são os três principais factores que determinam a capacidade do canal?

16. Desenvolver cada um dos seguintes aspectos:

1. Multiplexagem. ii. Comutação.

17. Quais são as três principais categorias de comutação?

Capítulo 8 - Transmissão digital.

1. Qual é a importância da forma digital discreta dos dados na informática?

2. (i) Enumerar e descrever as duas técnicas de conversão de dados digitais em sinais digitais?

OU

(11) Explicar cada uma das seguintes técnicas de conversão de dados digitais em sinais

digitais:

a. Codificação de linhas.   b. Codificação de blocos.

3. (i) Quais são os três esquemas de codificação de linhas? Explique cada um deles.

OU

(11) Elaborar cada um dos seguintes esquemas de codificação de linhas:

a. Uni- Polar.

b. Polar.

c. Bi -Polar.

4. (i) Quais são os quatro tipos de Codificação Polar?

OU

(11) Explicar cada um dos seguintes tipos de codificação polar:

a. Polar - NRZ.   c. Codificação Manchester.

b. Polar - RZ.   d. Manchester diferencial.

5. Elaborar sobre a codificação bipolar.

6. Quais são as três etapas da codificação em bloco?

7. Enumere as três etapas aplicadas na codificação em bloco.

8. Qual é o passo seguinte a efetuar após a codificação em bloco?

9. Dê dois exemplos de dispositivos analógicos que criam dados analógicos?

10. Qual é o método mais utilizado para converter dados analógicos em dados digitais?

11. O que é a modulação por código de impulsos (PCM)?

12. (i) Quais são as três etapas envolvidas na modulação por código de impulsos? Explique cada uma delas.

OU

(11) Explicar cada uma das seguintes etapas envolvidas na modulação por código de impulsos:

a. Amostragem.   b.   Quantificação. c.   Codificação.

13. O que é o "modo de transmissão de dados"?

14. (i) Quais são os dois modos diferentes de transmissão de dados?

OU

(11) Explicar cada um dos seguintes modos de transmissão de dados:

a. Paralelo. b.   Em série.

15. Qual é a principal vantagem da transmissão paralela?

16. Qual é a principal desvantagem da transmissão paralela?

17. (i) Quais são os dois tipos de modo de transmissão em série? Explique cada um deles:

OU

(11) Explicar cada um dos seguintes tipos de modo de transmissão em série:

a. Transmissão série assíncrona. b. Transmissão série síncrona.

18. Porque é que a temporização não é importante na transmissão em série assíncrona.

19. Porque é que a temporização é importante na transmissão em série síncrona.

20. Qual é a principal vantagem da transmissão em série assíncrona?

21. Qual é a principal desvantagem da transmissão em série assíncrona?

22. Qual é a principal vantagem da transmissão em série síncrona?

23. Qual é a principal desvantagem da transmissão em série assíncrona?

Capítulo 9 - Transmissão analógica.

1. Porque é que os dados devem ser convertidos em formato analógico antes da transmissão?

2. (i) Quais são os dois passos (de acordo com a formatação dos dados) que devem ser considerados para
conversão de dados de digital para analógico?

OU

(11) Desenvolver cada um dos seguintes aspectos:

a. Passagem de banda. b. Passa-baixo.

3. Quais são as três caraterísticas consideráveis num sinal analógico?

4. (i) Enumere os três tipos de técnicas de conversão digital-analógica.

(ii) Explicar cada um dos três tipos de técnicas de conversão digital-analógica (se necessário, utilizar diagramas).

OU

(iii) Desenvolva cada um dos seguintes aspectos (utilize diagramas quando necessário):

a. Amplitude Shift Keying. c. Chaveamento por deslocamento de fase.

b. Chaveamento por deslocamento de frequência. d. Comutação por deslocamento de fase em quadratura.

5. Ilustrar como a compressão pode ser conseguida em cada um dos seguintes casos:

a. Amplitude Shift Keying. c. Chaveamento por deslocamento de fase.

b. Comutação de frequência. d. Comutação por deslocamento de fase em quadratura.

6. O que se entende por modulação analógica? Explicar a sua necessidade.

7. (i) Enumerar os três tipos de modulação analógica. Explicar cada um deles (utilizar diagramas).

OU

(11) Desenvolva cada um dos seguintes aspectos (utilize diagramas quando necessário):

a. Modulação de amplitude. b. Modulação de frequência. c. Modulação de fase.

Capítulo 10 - Meios de transmissão.

1. Explicar a necessidade de utilização de suportes magnéticos para a transferência de dados de um local para outro.
2. Indicar duas razões ou situações principais para as quais a transmissão física de suportes magnéticos pode ser considerada mais conveniente.
3. Desenvolver cada um dos seguintes aspectos:

i) Cabo de par entrançado. iii) Linhas eléctricas.

ii) Cabo coaxial. iv) Fibra ótica.

4. Enumere os dois tipos de cabos de par entrançado.
5. Qual é a importância das torções nos cabos de par entrançado?
6. Qual é a especificidade dos cabos de par entrançado blindados?
7. Distinguir entre cabos de par entrançado blindado (STP) e de par entrançado não blindado (UTP).
8. Enumere as três categorias de cabos coaxiais disponíveis.
9. Explicar o objetivo dos "terminadores" para cabos coaxiais.
10. Qual é a principal caraterística dos cabos coaxiais que proporcionam blindagem contra ruído e diafonia?
11. Qual é a largura de banda habitual do cabo coaxial?
12. Qual é o objetivo dos conectores BNC ou BNC-T quando se utilizam cabos coaxiais?
13. O que é o Power Line Communication (PLC)?
14. i) Enumere os dois tipos de Power Line Communication (PLC) existentes.

ii) Descreva sucintamente cada um dos seguintes tipos de comunicação por linha eléctrica (PLC):

a. PLC de banda estreita. b. PLC de banda larga.

OU

iii) Distinguir entre comunicação por linha eléctrica (PLC) de banda estreita e banda larga.

15. Em que modo de transmissão funciona o Power Line Communication (PLC)?
16. Como é que a fibra ótica funciona?
17. (i) Quais são os dois modos de fibra ótica?

OU

(11) Qual é a principal caraterística de cada um dos seguintes elementos da fibra ótica?

1. Modo único. ii. Multimodo.

(11) Distinguir entre fibra ótica monomodo e multimodo.

18. Para que servem os conectores especiais?

1) Cabo UTP. ii) Cabo coaxial. iii) Fibra ótica.

Capítulo 11 - Transmissões sem fios.

1. Explicar o funcionamento básico da transmissão sem fios.
2. Apresentar um diagrama adequado do espetro eletromagnético.
3. Explicar cada um dos seguintes métodos de transmissão sem fios, indicando claramente os seus pontos fortes e fracos:

i) Transmissão por rádio. iii) Transmissão por infravermelhos.

ii) Transmissão por micro-ondas. iv) Transmissão de luz.

4. Porque é que a radiofrequência é considerada mais fácil de gerar?
5. Qual é a principal vantagem da transmissão por rádio?
6. Quais são as gamas de frequências habituais de transmissão de rádio?
7. Quais são os comprimentos de onda habituais na transmissão de rádio?
8. Em quantas bandas se podem subdividir as frequências de rádio? Enumera essas bandas (máximo de 6).
9. Indicar (no máximo 2) as diferenças entre ondas de rádio de baixa frequência e ondas de rádio de alta frequência.
10. Até que distância podem as frequências mais baixas, como as frequências muito baixas (VLF), baixas frequências (LF) e médias frequências (MF), deslocar-se no solo sobre a superfície da Terra?
11. Apresentar (num máximo de 3) caraterísticas das ondas de rádio de alta frequência.
12. Qual é a principal desvantagem das ondas de rádio de alta frequência?
13. Quais são as gamas de frequências habituais da transmissão por micro-ondas?
14. Quais são as gamas habituais de comprimento de onda da transmissão por micro-ondas?
15. Porque é que o emissor e o recetor devem estar estritamente na linha de vista para a transmissão por micro-ondas?
16. Como é que a transmissão por micro-ondas pode ser aplicada à comunicação para além do seu alcance habitual?
17. Qual é a principal vantagem da transmissão por micro-ondas?
18. Indicar (num máximo de 2) os inconvenientes da transmissão por micro-ondas.
19. Quais são as gamas de frequências habituais de transmissão de infravermelhos?
20. Quais são as gamas habituais de comprimento de onda da transmissão por infravermelhos?

21. Qual é a distância habitual de cobertura da transmissão por infravermelhos?

22. Explique por que razão a transmissão por infravermelhos não atravessa obstáculos semelhantes a paredes.

23. Dar exemplos de utilização da transmissão por infravermelhos?

24. Quais são os dois principais inconvenientes da transmissão por infravermelhos?

25. Porque é que o emissor e o recetor devem estar estritamente na linha de visão para a transmissão de luz?

26. Qual é a largura habitual do feixe laser utilizado na transmissão de luz?

27. Dar (no máximo 6) pontos fracos da transmissão da luz.

28. Indicar a principal vantagem da transmissão por laser.

29. Porque é que a transmissão por laser é normalmente considerada segura?

Capítulo 12 - Multiplexagem.

1. Explicar o conceito de multiplexagem.
2. Explicar o objetivo de cada um dos seguintes elementos:

1) Multiplexador. ii) De- Multiplexer.

3. Discutir cada uma das seguintes questões:

i) Multiplexagem por divisão de frequência (FDM).
ii) Multiplexagem por divisão do tempo (TDM).
iii) Multiplexagem por divisão do comprimento de onda (WDM).
iv) Multiplexagem por divisão de código (CDM).

4. Qual é o objetivo das bandas de guarda quando se utiliza a Multiplexagem por Divisão de Frequência (FDM)?
5. Dar a adequado e rotulado diagrama que represente a Multiplexagem por divisão de frequências (FDM).
6. Dar a adequado e rotulado diagrama que represente a Multiplexagem por divisão do tempo (TDM).
7. Dar a adequado e rotulado diagrama que represente a Multiplexagem por divisão de código (CDM).

Capítulo 13 - Comutação de rede.

1. Explicar o conceito de comutação de rede.
2. (i) Definir os seguintes termos:

a. Ingresso. b. Egresso

(11) Distinguir entre os termos "entrada" e "saída".

3. Qual é a composição principal habitual de um sistema de comunicação?

4. (i) Quais são as duas principais categorias de comutação? Explique cada uma delas.

OU

(11) Explicar cada uma das seguintes categorias de comutação:

a. Ligação menos. b. Ligação orientada.

5. Explicar cada uma das seguintes técnicas de comutação:

a. Comutação de circuitos. b. Comutação de mensagens. c. Comutação de pacotes.

6. Quais são as três frases da comutação de circuitos?

7. Apresente um diagrama com rótulo adequado que represente a comutação de circuitos.

8. Para que fim foi principalmente concebida a comutação de circuitos?

9. Dar o exemplo mais popular de comutação de circuitos.

10. Quais são as principais vantagens da comutação de circuitos? (Orientado para pesquisa na Internet)

11. Quais são as principais desvantagens da comutação de circuitos? (Orientado para pesquisa na Internet)

12. Apresente um diagrama com rótulos adequado que represente a comutação de mensagens.

13. Indicar os três principais inconvenientes da comutação de mensagens.

14. Quais foram consideradas as principais vantagens da comutação de mensagens? (Orientado para a pesquisa na Internet)

15. Que técnica de reencaminhamento de mensagens é utilizada na comutação de mensagens?

16. Explicar claramente como é que a comutação de pacotes constitui uma melhoria em relação à comutação de mensagens.

17. Quais são as principais vantagens da comutação de pacotes? (Orientado para a pesquisa na Internet)

18. Quais são as principais desvantagens da comutação de pacotes? (Orientado para a pesquisa na Internet)

19. Que técnica de comutação é utilizada na Internet? Indique as principais razões para esta escolha.

20. Como é que a comutação de pacotes atende às prioridades como uma funcionalidade de qualidade de serviço (QoS)?

Capítulo 14 - Introdução à camada de ligação de dados.

1. Discutir brevemente o objetivo da camada de ligação de dados.
2. (i) Enumere as duas subcamadas da camada de ligação de dados. Indicar também os seus principais objectivos.

OU

(11) Quais são os principais objectivos de cada uma das seguintes subcamadas da camada de ligação de dados: a. Controlo da ligação lógica. b. Controlo de acesso ao meio.

3. Como são designados os sistemas na mesma rede de difusão?
4. Como é que o trabalho da camada de ligação de dados tende a tornar-se mais complexo?
5. (i) Enumere e descreva as seis principais funcionalidades da camada de ligação de dados.

OU

(11) Explicar sucintamente cada uma das seguintes funcionalidades principais da camada de ligação de dados:

a. Enquadramento. c. Sincronização. e. Controlo do fluxo.
b. Endereçamento. d. Controlo de erros. f. Multi-acesso.

6. Indicar duas caraterísticas adequadas de um endereço de hardware.

Capítulo 15 - Deteção e correção de erros.

1. Explicar a necessidade de métodos de deteção e correção de erros na transmissão de dados.
2. Porque é que as camadas superiores do modelo de referência OSI esperam uma transmissão sem erros entre sistemas?
3. (i) Enumere os três tipos de erros que podem ocorrer durante a transmissão de dados. Explicar claramente cada um deles
deles.

OU

(11) Indique claramente cada um dos seguintes tipos de erros que podem ocorrer durante a transmissão de dados:

a. Erro de bit único. b. Erro de bit múltiplo. c. Erro de rajada.

3. Enumere as duas formas possíveis envolvidas no mecanismo de controlo de erros.
4. Explicar o funcionamento básico da deteção de erros.
5. (i) Enumere dois métodos de deteção de erros. Explicar cada um deles.

OU

(11) Explicar cada um dos seguintes métodos de deteção de erros:

a. Verificação de paridade par. b. Verificação de paridade ímpar. c. Verificação de redundância cíclica.

6. (i) Enumere dois métodos de correção de erros. Explicar cada um deles.

OU

(11) Explicar cada um dos seguintes métodos de deteção de erros:

a. Correção de erros para trás.b. Correção de erros para a frente.

7. Apresentar (num máximo de 3) vantagens da correção de erros para trás.

8. Dê um exemplo adequado de um transportador em que a Correção de Erros para Trás é normalmente utilizada.

9. Porque é que a correção de erros retroactivos não é normalmente utilizada na transmissão de dados sem fios?

10. Que método de correção de dados é utilizado na transmissão de dados sem fios?

Capítulo 16 - Controlo e protocolos de ligação de dados.

1. Quais são as duas principais responsabilidades da camada de ligação de dados?

2. (a) Discuta o método de controlo do fluxo adotado pela camada de ligação de dados na transmissão de

dados. Explique cada um dos dois tipos de mecanismos que podem ser utilizados para o controlo do fluxo.

(b) Enumere os dois tipos de mecanismos que podem ser utilizados para o controlo do fluxo. Explique cada um deles.

(c) Explicar cada um dos seguintes tipos de mecanismos que podem ser utilizados para o controlo do fluxo, incluindo também diagramas adequados: i) Parar e esperar. ii) Janela deslizante.

3. Qual é a principal vantagem/objetivo do mecanismo de controlo de Janela Deslizante?

4. Explicar a necessidade de controlo de erros na transmissão de dados.

5. Indicar os quatro requisitos dos mecanismos de controlo de erros.

6. (i) Enumere os três tipos de técnicas disponíveis que a camada de ligação utiliza para controlar

erros através de pedidos de repetição automática (ARQ).

OU

(11) Explicar cada um dos seguintes tipos de técnicas que a camada de ligação de dados pode utilizar para controlar os erros através de pedidos de repetição automática (ARQ).

a. Parar e aguardar ARQ. b. Go-Back-N ARQ. c. Repetição selectiva ARQ.

Capítulo 17 - Introdução à camada de rede.

1. Discuta brevemente o objetivo da camada 3 da camada OSI, ou seja, a camada de rede.
2. Dar à árvore opções de rede que o nível Rede normalmente gere.
3. Qual é o principal objetivo dos dispositivos que funcionam no nível da rede?
4. Dar (um máximo de 6) tarefas com o objetivo de realizar o "Routing".
5. Indique (num máximo de 6) as caraterísticas que a camada de rede fornece com as suas funcionalidades normais.
6. Quais são os dois tipos de Protocolo Internet?
7. Qual é o principal problema do IPV4?
8. Quais são as duas principais vantagens do IPV6?

Capítulo 18 - Endereçamento de rede.

1. Explicar o funcionamento básico do endereçamento de rede.
2. O que se entende por "Endereço de rede lógico"?
3. Onde é que o endereço de rede é normalmente configurado?
4. Enumere os três tipos diferentes de endereços de rede e indique qual deles é o único que está a ser utilizado atualmente.
5. O que significam os seguintes termos?

1. MAC. ii. DNS. iii. FQDN.

6. Explicar as funções de um DNS (Domain Name Server).
7. O que é um gateway?
8. Que informações estão disponíveis nas tabelas de encaminhamento?
9. Enumere os quatro tipos de endereços de rede.
10. Definir o seguinte:

a. Unicast. b. Multicast. c. Broadcast. d. Anycast.

11. Porque é que o tráfego multicast é tratado como especial?

Capítulo 19 - Encaminhamento na camada de rede.

1. Explicar o objetivo do encaminhamento na camada de rede.

2. Indique os dois métodos habituais para efetuar o encaminhamento.

3. Indique duas limitações principais do encaminhamento baseado em software.

4. O que é uma rota predefinida?

5. Dar (no máximo 5) informações com base nas quais é tomada a decisão de encaminhamento.

6. Explicar cada um dos seguintes tipos de encaminhamento:

i) Encaminhamento Unicast. iii) Encaminhamento Multicast.

ii) Encaminhamento de difusão. iv) Any Cast Routing.

7. (i) Enumere os dois tipos de protocolo de encaminhamento unicast. Explicar cada um deles

OU

(11) Explicar cada um dos seguintes protocolos de encaminhamento unicast:

a. Protocolo de encaminhamento por vetor de distância. b. Protocolo de encaminhamento por estado de ligação.

8. O que é uma mensagem de difusão?

9. Explicar as duas formas de efetuar o encaminhamento de difusão.

10. O que é o encaminhamento de caminho inverso?

11. Indicar o objetivo da técnica de reencaminhamento do caminho inverso.

12. Que protocolo é que o encaminhamento multicast aplica para evitar o looping?

13. Dê exemplos de cada um dos seguintes protocolos unicast:

1. Protocolo de encaminhamento por vetor de distância. ii. Protocolo de encaminhamento por estado de ligação.

14. Dê um exemplo de um "Protocolo de encaminhamento por vetor de distância".

15. Dê dois exemplos de "protocolo de encaminhamento de estado de ligação".

16. (a) Explique o que são protocolos de encaminhamento multicast.

(b) Dê 4 exemplos de protocolos de encaminhamento multicast.

(c) Quais são as duas variantes do PIM (Protocol-Independent Multicast)?

(d) Indique as duas caraterísticas principais de cada um dos seguintes elementos:

1. Modo denso PIM ii. Modo PIM espacial

(e) Diferenciar entre o modo denso de multicast independente de protocolo (PIM) e o modo de espaço PIM.

17. Diferenciar entre protocolos de encaminhamento unicast e protocolos de encaminhamento multicast.

18. (i) Enumere 2 dos principais algoritmos de encaminhamento. Explicar cada um deles. OU

(11) Desenvolver cada um dos seguintes aspectos:

a. Inundações. b. Caminho mais curto.

19. Indicar as vantagens das inundações.

20. Indicar as desvantagens das inundações.

21. Apresentar as vantagens do caminho mais curto.

22. Indicar as desvantagens do caminho mais curto.

23. Qual é o objetivo do Time To Live (TTL) no algoritmo de encaminhamento de "inundação"?

24. Qual é o principal objetivo do algoritmo de encaminhamento Selective Flooding?

25. Indicar (máximo de 3) algoritmos comuns de caminho mais curto.

Capítulo 20 - Trabalho na Internet.

1. Definir o termo "Internetworking".
2. Explicar a necessidade de encaminhamento para o trabalho na Internet.
3. Indicar (máximo de 4) parâmetros que diferenciam as redes.
4. Como são utilizados os protocolos de encaminhamento numa organização ou numa administração?
5. Dê dois exemplos de Interior Gateway Protocol.
6. Como se designam os protocolos de encaminhamento utilizados entre diferentes organizações ou administrações?
7. Dar um exemplo de Protocolo de Gateway Exterior.
8. O que se entende por cada um dos seguintes elementos? Dê um exemplo de cada um deles.

1) Protocolo de Gateway Interior. ii) Protocolo de Gateway Exterior.

9. Distinguir entre "Interior Gateway Protocol" e "Exterior Gateway Protocol".
10. Elaborar sobre o protocolo de tunelização.
11. Elaborar sobre a fragmentação de pacotes aplicável ao trabalho na Internet.
12. Qual é o tamanho da Unidade Máxima de Transmissão (MTU) da maioria dos segmentos Ethernet?
13. Indique dois factores que afectam o comprimento da unidade máxima de transmissão (MTU).
14. O que acontece aos pacotes com o bit DF (não fragmentar) definido como 1, que o router não consegue tratar devido ao seu comprimento?
15. Como é que os routers sabem se um pacote está fragmentado ou não?
16. Quais são as consequências de um pacote ser fragmentado da seguinte forma?

1) demasiado pequeno. ii) demasiado grande.

Capítulo 21 - Protocolo da camada de rede.

1. Qual é o objetivo de um endereço IP (Internet Protocol)?
2. Onde se encontra o endereço MAC (Media Access Control)?
3. Discutir em profundidade a necessidade do protocolo de resolução de endereços (ARP).
4. (i) Elaborar sobre o Protocolo de Mensagens de Controlo da Internet (ICMP).

OU

(11) Qual é o protocolo mais utilizado para diagnóstico de rede e comunicação de erros?

5. Porque é que o ICMP é considerado um protocolo não fiável?
6. Quais são as duas mensagens ICMP mais utilizadas?
7. Explicar o que é a versão 4 do Protocolo Internet.
8. Indique as principais caraterísticas de cada uma das seguintes categorias de redes:

a. Classe A. c. Classe C. e. Classe E.

b. Classe B. d. Classe D.

9. Explicar o que é a versão 6 do Protocolo Internet.
10. Apresentar uma comparação entre o IPV4 e o IPV6.
11. Qual é o comprimento dos bits de um endereço IPV6?
12. Como é que o IPV6 elimina a fiabilidade dos servidores DHCP (Dynamic Host Configuration Protocol)?
13. Indicar as melhorias introduzidas pelo IPV6 em relação ao IPV4.
14. Indicar 3 mecanismos de transição disponíveis para que as redes com IPV6 possam falar e circular facilmente em redes com IPV4.

Capítulo 22 - Camada de transporte

Introdução.

1. Explicar o objetivo da camada de transporte.
2. Indicar (máximo de 4) funções da camada de transporte.
3. Explicar o objetivo dos pontos de acesso ao serviço de transporte (TSAP), também conhecidos como portos.
4. Que números de porta são utilizados pelo seguinte:

1) DHCP. ii) DNS. iii) Predefinição para http.

5. Enumere 2 protocolos principais da camada de transporte.

Capítulo 23 - Protocolo de Controlo de Transmissão.

1. Indicar (máximo de 8) caraterísticas do protocolo de controlo de transmissão (TCP).
2. Porque é que o Protocolo de Controlo de Transmissão (TCP) é considerado um protocolo fiável?
3. Qual é o comprimento mínimo e máximo de um cabeçalho TCP (Transmission Control Protocol)? Enumere (máximo de 11) campos num cabeçalho TCP.
4. Para cada um dos seguintes campos de um cabeçalho TCP, indique a sua finalidade:

i)	Porta de origem.	vii)	Tamanho do Windows.
ii)	Porta de destino.	viii)	Bandeiras (9 no total)
iii)	Número de sequência.	ix)	Soma de controlo
iv)	Número de reconhecimento.	x)	Ponteiro urgente
v)	Desvio de data.	xi)	Opções
vi)	Reservado.		

5. (i) Enumere (máximo de 9) os sinalizadores presentes num cabeçalho TCP. Explicar o objetivo de cada um.

OU

(11) Para cada um dos seguintes sinalizadores presentes num cabeçalho TCP, explique a sua finalidade:

a.	NS.	d.	URG.	g.	RST.
b.	CWR.	e.	ACK.	h.	SYN.
c.	ECE.	f.	PSH.	i.	FIN

5. Explicar como é feito o endereçamento no protocolo de controlo de transmissão (TCP).
6. Qual é o intervalo de números de porta fornecido pelo sistema operativo (SO)?
7. Enumerar os três tipos de portas ou pontos de acesso ao serviço de transporte (TSAP). Indicar também as suas gamas.
8. Explique, através de diagramas, como é feita a gestão das ligações no protocolo de

controlo da transmissão (TCP).

9. Explicar como é feita a gestão da largura de banda no protocolo de controlo da transmissão (TCP).

10. Explicar como é efectuado o controlo de erros e o controlo do fluxo no protocolo de controlo de transmissão (TCP).

11. Explicar a adequação da multiplexagem no Protocolo de Controlo de Transmissão (TCP).

12. Explicar como se processa o controlo do congestionamento no protocolo de controlo da transmissão (TCP).

13. Enumere três algoritmos utilizados para o controlo do congestionamento no protocolo de controlo da transmissão (TCP).

14. (i) Enumerar os 4 tipos diferentes de temporizadores para controlar e gerir diferentes tipos de tarefas utilizadas pelo Protocolo de Controlo de Transmissão (TCP).

(ii) Explicar as finalidades de cada um dos 4 tipos diferentes de temporizadores para controlar e gerir diferentes tipos de tarefas utilizadas pelo Protocolo de Controlo de Transmissão (TCP).

OU

(iii) Explicar cada um dos seguintes tipos de temporizadores utilizados pelo Protocolo de Controlo de Transmissão

(TCP) para controlar e gerir diferentes tipos de tarefas:

i. Temporizador de manutenção de vida. iii. Temporizador de persistência.

ii. Temporizador de retransmissão. iv. Espera temporizada.

15. Quais são os dois meios através dos quais uma sessão TCP (Transmission Control Protocol) pode ser colocada em pausa?

16. Qual é o principal objetivo do temporizador persistente?

17. Qual é o principal objetivo de um Timed-wait?

18. Qual é a duração máxima habitual de uma espera temporizada?

19. Como é que o Protocolo de Controlo de Transmissão (TCP) permite a recuperação de falhas no servidor?

20. Qual é o objetivo da difusão da Transaction Protocol Data Unit (TPDU)?

Capítulo 24 - Protocolo de Datagrama do Utilizador.

1. Explicar os objectivos e a aplicabilidade do Protocolo de Datagrama do Utilizador (UDP).

2. Porque é que o User Datagram Protocol (UDP) é considerado um protocolo não fiável?
3. Qual é a importância do Protocolo de Datagrama do Utilizador (UDP)?
4. Dê dois exemplos de aplicações em que o Protocolo de Datagrama do Utilizador (UDP) é mais adequado.
5. Quais são as principais vantagens do Protocolo de Datagrama do Utilizador (UDP)?
6. Quais são as principais desvantagens do Protocolo de Datagrama do Utilizador (UDP)?
7. Indicar (no máximo 8) as caraterísticas do Protocolo de Datagrama do Utilizador (UDP).
8. (i) Enumerar (no máximo 4) os principais parâmetros do cabeçalho do Protocolo de Datagrama do Utilizador (UDP).

OU

(11) Explique cada um dos seguintes parâmetros do cabeçalho do Protocolo de Datagrama do Utilizador (UDP): a. Porta de origem. c. Comprimento.
b. Porta de destino. d. Checksum

.

9. Qual é o comprimento em bits de cada um dos seguintes cabeçalhos do Protocolo de Datagrama do Utilizador (UDP)?
1. Porta de origem. ii. Porta de destino. iii. Comprimento.
10. Indique (num máximo de 5) aplicações que utilizem o UDP para transmitir dados.

Capítulo 25 - Introdução à camada de aplicação.

1. Elaborar sobre a camada de aplicação do modelo de referência OSI.
2. Porque é que a camada de aplicação é importante tanto no modelo de referência OSI como no modelo TCP/IP?
3. Esclarecer a ambiguidade comum da camada de aplicação e do seu protocolo.
4. Porque é que softwares como os editores de texto nem sempre são considerados como estando a funcionar na camada de aplicação do modelo de referência OSI ou do modelo de referência TCP/IP?
5. Porque é que softwares como um navegador Web são considerados como estando a trabalhar na camada de aplicação do modelo de referência OSI ou do modelo de referência TCP/IP?
6. Indique (no máximo 3) os protocolos que funcionam na camada de aplicação.
7. Forneça (no máximo 2) programas informáticos que utilizem o protocolo de transferência de ficheiros (FTP) em formato GUI.

Capítulo 26 - Modelo cliente-servidor.

1. (i) Dois processos de aplicações remotas podem comunicar principalmente de duas formas diferentes. Lista
as duas modas.

(11)Explique brevemente cada uma das duas formas de comunicação entre dois processos de aplicações remotas:

a. Ponto a ponto. (P2P) b. Cliente-Servidor.

2. Qual é a caraterística básica de um servidor?
3. Dar (no máximo 3) ideias erradas habituais sobre um servidor.
4. Apresentar (num máximo de 2) situações em que um sistema pode atuar simultaneamente como servidor e cliente?
5. (i) Enumere duas formas de interação entre dois processos no modelo cliente-servidor. Explique
cada um.

OU

(11)Explique cada uma das seguintes formas de interação entre processos num modelo cliente-servidor:

a. Tomadas. b. Chamadas de procedimento remoto (RPC).

b. Enumere as seis etapas através das quais se processa a comunicação numa chamada de procedimento remoto (RPC).

Capítulo 27 - Protocolos de aplicação.

1. Quais são as duas categorias de protocolos da camada de aplicação?
2. (i) Enumere (no máximo 5) protocolos de aplicação. Explicar cada um deles.

OU

(11)Explicar cada um dos seguintes protocolos da camada de aplicação:

a. Sistema de Nomes de Domínio (DNS). d. Protocolo de Correios (POP).

b. Protocolo de Transferência de Correio Simples (SMTP). e. Protocolo de Transferência de Hipertexto (HTTP).

c. Protocolo de transferência de ficheiros (FTP).

3. Qual é o objetivo dos seguintes componentes do Protocolo de Transferência de Correio Simples (SMTP)?

1. Agente do utilizador. ii. Agente de transferência de mensagens.

4. Quais são os números de porta normalmente utilizados pelo Simple Mail Transfer

Protocol (SMTP)?

5. Liste (no máximo 2) os protocolos que são utilizados pelos programas de cliente para receber mensagens de correio eletrónico.

6. Qual é o protocolo mais utilizado para a transferência de ficheiros na Internet?

7. O que se entende por "FTP utilizado como controlo fora de banda"?

8. Quais são os números de porta normalmente utilizados no FTP?

9. (i) Enumere os dois modos de funcionamento do POP3.

OU

(11) quais são as principais caraterísticas de cada um dos seguintes modos de funcionamento do POP3?

a. Modo Eliminar. b. Modo Manter.

10. Quais são os números de porta habitualmente utilizados no HTTP?

11. Que software é normalmente utilizado para aceder a páginas Web?

12. O que se entende por "HTTP é um protocolo sem estado"?

13. (i) Enumere as duas principais versões do HTTP?

OU

(ii) Qual é a principal caraterística de cada uma das seguintes versões do HTTP?

a. HTTP 1.0 b. HTTP 1.1

OU

(iii) qual é a principal diferença entre o HTTP 1.0 e o HTTP 1.1.

Capítulo 28 - Serviços de rede.

1. Enumerar 4 categorias principais de serviços de rede.

2. (i) Enumere 3 exemplos de funcionalidades que utilizam o serviço de diretórios na rede. Explicar

cada um.

3. OU

(11) Explique cada uma das seguintes funcionalidades que utilizam serviços de diretório na rede.

a. Contabilidade.

b. Autenticação e autorização.

c. Serviços de nomes de domínio.

4. (i) Enumere 2 exemplos de serviços de ficheiros em rede. Explicar cada um deles.

OU

(11) Explicar cada um dos seguintes serviços de ficheiros em rede:

a. Partilha de ficheiros. b. Transferência de ficheiros.

5. (i) Enumere 5 exemplos de serviços de comunicação em rede. Explicar cada um deles.

OU

(11) Explicar cada um dos seguintes serviços de comunicação em rede:

a. Correio eletrónico. c. Conversa na Internet. e. Acesso remoto.

b. Redes sociais. d. Quadros de discussão.

6. (i) Enumere 3 exemplos de serviços de aplicação em rede. Explique cada um deles.

OU

(11) Explicar cada um dos seguintes serviços de aplicação em rede:

a. Partilha de recursos. b. Bases de dados. c. Serviços Web.

Secção 2: Tutoriais de sistemas operativos

Capítulo 1 - Descrição geral Sistema operativo.

1. O que é um "sistema operativo"?
2. Dar (no máximo 6) exemplos de sistemas operativos (SO) populares.
3. Apresente um diagrama que mostre a relação entre o sistema operativo (SO) e o hardware, o software do sistema, o software de aplicação e os utilizadores.
4. Enumerar (num máximo de 9) as funções importantes de um sistema operativo (SO).
5. Explicar em pormenor cada uma das seguintes funções de um sistema operativo (SO):

i. Gestão da memória. iii. Gestão de dispositivos.

ii. Gestão do processador. iv. Gestão de ficheiros.

6. Indique (num máximo de 4) as actividades realizadas pelo sistema operativo (SO) para a gestão da memória.
7. O que se entende por agendamento de processos na terminologia do sistema operativo (SO)?
8. Indique (num máximo de 3) as actividades realizadas pelo sistema operativo (SO) para a gestão do processador.
9. Qual é o objetivo do controlador de dispositivos no sistema operativo (SO)?
10. Como é que o sistema operativo (SO) gere a comunicação entre dispositivos?
11. Indique (num máximo de 4) as actividades realizadas pelo sistema operativo (SO) para a gestão dos dispositivos.
12. Qual é a finalidade do controlador de entrada/saída (E/S) nos sistemas operativos (SO)?
13. Indique (num máximo de 4) as actividades realizadas pelo sistema operativo (SO) para a gestão dos ficheiros.
14. O que é o sistema de ficheiros de um sistema operativo (SO)?
15. Descrever sucintamente as seguintes funções de um sistema operativo (SO):

i. Segurança.

ii. Controlo do desempenho do sistema.

iii. Contabilidade do trabalho.

iv. Auxiliares de deteção de erros.

v. Coordenação entre outros softwares e utilizadores.

Capítulo 2 - Tipos de sistemas operativos.

1. Explique cada um dos seguintes tipos de sistemas operativos (SO):

i. Sistema operativo de lotes. iv. Sistema operativo de rede.

ii. Sistema operativo de partilha de tempo. v. Sistema operativo de tempo real.

iii. Sistema operativo distribuído.

2. Apresentar (no máximo 3) problemas relacionados com o sistema operativo (SO) Batch.

3. Como é que os utilizadores preparam os seus trabalhos no Sistema Operativo (SO) Batch?

4. Dar exemplos de dispositivos offline utilizados no sistema operativo (SO) de lotes.

5. Qual é o principal método para acelerar o trabalho num sistema operativo (SO) de lotes?

6. No sistema operativo (SO) Batch, qual é o papel dos seguintes elementos:

1. O programador. ii. O Operador.

7. Porque é que a Unidade Central de Processamento (CPU) está frequentemente inativa quando se utiliza o Sistema Operativo (SO) Batch?

8. O que se pode dizer sobre "prioridade" quando se utiliza o Sistema Operativo (SO) de Lote?

9. Qual é a principal diferença entre os sistemas de lotes multiprogramados e os sistemas de partilha de tempo?

10. O que é a "partilha de tempo" no sistema operativo (SO)?

11. Dê outro termo para designar a "partilha de tempo" no sistema operativo (SO).

12. Qual é o principal objetivo de cada uma das seguintes medidas?

1. Sistemas de lotes multiprogramados. ii. Sistemas de partilha de tempo.

13. Nos Sistemas de Partilha de Tempo, como é que a Unidade Central de Processamento (CPU) lida com múltiplos trabalhos para dar a aparência de uma resposta imediata?

14. Apresentar (num máximo de 3) vantagens do sistema operativo (SO) de partilha de tempo.

15. Apresentar (num máximo de 3) desvantagens do sistema operativo (SO) de partilha de tempo.

16. Como é que os vários processadores comunicam em sistemas distribuídos?

17. O que se entende por sistemas fracamente acoplados?

18. Apresentar (num máximo de 6) vantagens dos sistemas distribuídos.

19. Apresentar algumas desvantagens dos sistemas distribuídos. (Orientado para a pesquisa na Internet)

20. Como é que os sistemas distribuídos ajudam a alcançar a "tolerância a falhas"?

21. Onde funciona normalmente um sistema operativo de rede (NOS)?

22. Indique (num máximo de 6) as capacidades que o sistema operativo de rede (NOS) fornece a um servidor.

23. Qual é o principal objetivo dos sistemas operativos de rede (NOS)?

24. Dar (num máximo de 7) exemplos de sistemas operativos de rede (NOS).

25. Apresentar (num máximo de 4) vantagens dos sistemas operativos de rede (NOS).

26. Apresentar (num máximo de 3) as desvantagens dos sistemas operativos de rede (NOS).

27. Qual é a principal caraterística dos servidores centralizados quando se utilizam sistemas operativos de rede (NOS)?

28. Indicar (no máximo 2) os principais componentes do custo quando se utilizam sistemas operativos de rede (NOS), ou seja, servidores?

29. Definir o termo "tempo de resposta" na terminologia do sistema operativo (SO).

30. Como é que os sistemas em tempo real conseguem controlar o ambiente?

31. Diferenciar entre sistema em tempo real e processamento em linha.

32. Para que situações/finalidades são utilizados os sistemas em tempo real?

33. Que caraterística é a chave para o sucesso ou fracasso dos sistemas em tempo real?

34. Indicar (num máximo de 6) utilizações dos sistemas em tempo real.

35. (i) Enumere 2 tipos de sistemas operativos (SO) em tempo real. Explicar cada um deles.

OU

(ii) Explicar cada um dos seguintes sistemas em tempo real:

a. Sistemas de tempo real rígidos. b. Sistemas de tempo real suaves.

OU

(iii) Distinguir entre sistemas de tempo real rígidos e sistemas de tempo real flexíveis.

36. Que tipo de sistema em tempo real garante que as tarefas críticas sejam concluídas a tempo?

37. O que se pode dizer sobre o armazenamento secundário em sistemas Hard Real-Time?

38. Onde é que os dados são normalmente armazenados nos sistemas Hard Real-Time?

39. O que se pode dizer sobre a "memória virtual" em sistemas de tempo real rígidos?

40. Qual poderá ser o objetivo da "Memória Virtual" em sistemas de tempo real rígidos? (Pesquisa na Internet ou pensamento profundo orientado)

41. Que tipo de sistema em tempo real é mais utilizado? Porquê?

42. Indicar (num máximo de 4) as principais utilizações dos sistemas de tempo real flexíveis.

Capítulo 3 - Serviços do sistema operativo.

1. Qual é a principal categoria de serviço prestado pelo sistema operativo (SO) ao programa?

2. Qual é a principal categoria de serviço prestado pelo sistema operativo (SO) aos utilizadores?

3. (i) Enumerar (no máximo 7) os serviços comuns fornecidos pelo sistema operativo (SO).

OU

(11) Explique cada um dos seguintes serviços comuns prestados pelo sistema operativo (SO):

i.	Execução do programa.	v.	Deteção de erros.
ii.	Operações de entrada/saída (E/S).	vi.	Atribuição de recursos
iii.	Manipulação de sistemas de ficheiros.	vii.	Proteção.
iv.	Comunicação.		

4. O que é um "processo" na terminologia do Sistema Operativo (SO)?
5. Enumere (no máximo 6) as principais actividades de um sistema operativo (SO) no que diz respeito à gestão do programa .
6. O que é um subsistema de entrada/saída (E/S) no sistema operativo (SO)?
7. Qual é a importância dos controladores de dispositivos no sistema operativo (SO)?
8. Enumerar (no máximo 3) as principais actividades de um sistema operativo (SO) no que respeita à operação de entrada/saída (E/S).
9. Dar exemplos de suportes de armazenamento acessíveis pelos sistemas operativos (SO).
10. Indique as quatro propriedades mais utilizadas para qualificar os suportes de armazenamento acessíveis aos sistemas operativos (SO).
11. Apresente duas razões pelas quais um sistema de ficheiros num sistema operativo (SO) está normalmente organizado em diretórios?
12. Enumerar (num máximo de 6) as principais actividades de um sistema operativo (SO) no que diz respeito à gestão de ficheiros.
13. Enumerar os tipos comuns de permissões utilizadas na manipulação do sistema de ficheiros pelos sistemas operativos (SO).
14. Quais são as três interfaces comuns fornecidas por um sistema operativo (SO) para a manipulação do sistema de ficheiros?
15. Enumerar (no máximo 3) as principais actividades do sistema operativo (SO) em matéria de comunicação.
16. Como é que vários processos comunicam num sistema distribuído?
17. Indicar (no máximo 3) os problemas de rede tratados pelo sistema operativo (SO) no que respeita à comunicação.
18. Enumere os dois métodos de comunicação realizados pelo sistema operativo (SO).
19. Indicar (no máximo 3) as situações em que podem ocorrer erros num sistema informático.
20. Enumerar (num máximo de 2) as principais actividades de um sistema operativo (SO) no

que respeita ao tratamento de erros.

21. Enumerar (no máximo 2) as principais actividades de um sistema operativo (SO) no que respeita à gestão de recursos.

22. Explicar a necessidade de a proteção ser fornecida como um serviço pelo sistema operativo (SO).

23. A que se refere o termo "proteção" quando o consideramos como um serviço fornecido pelo sistema operativo (SO)?

24. Enumere (num máximo de 3) as principais actividades de um sistema operativo (SO) no que diz respeito à proteção.

25. Como é que o sistema operativo (SO) fornece normalmente a autenticação dos utilizadores? (parcialmente orientado para a pesquisa na Internet)

Capítulo 4 - Propriedades do sistema operativo.

1. Elaborar sobre o processamento em lote, que é uma tarefa gerida pelo sistema operativo (SO).
2. Indicar (num máximo de 4) actividades relacionadas com o processamento em lote.
3. Indicar 2 vantagens do processamento em lote.
4. Indicar (num máximo de 3) as desvantagens do processamento em lote.
5. Como é que um trabalho é definido no processamento em lote?
6. Onde é que o sistema operativo (SO) guarda os trabalhos a servir quando se considera o processamento em lote?
7. De que forma são servidos os trabalhos no processamento em lote?
8. No processamento em lote, o que acontece quando um trabalho termina a sua execução?
9. Como é que se considera que o desempenho é melhorado no processamento em lote?
10. Qual é a principal razão pela qual uma tarefa em lote pode afetar outras tarefas pendentes?
11. Explique o que é a "multitarefa", que é uma tarefa realizada pelo sistema operativo (SO).
12. Apresentar (um máximo de 11) actividades relacionadas com a multitarefa.
13. Dar outro nome ao "Sistema Multitarefas".
14. Apresente um diagrama rotulado adequado que represente o sistema multitarefa dos sistemas operativos (SO).
15. Como é que a velocidade mais lenta do hardware é tida em conta no sistema multitarefa pelos sistemas operativos (SO)?

16. Definir o termo "multiprogramação" utilizado no sistema operativo (SO).
17. Explicar o que é a "multiprogramação", que é uma tarefa realizada pelo sistema operativo (SO).
18. Apresentar (num máximo de 4) actividades relacionadas com a multiprogramação.
19. Indicar (no máximo 2) as vantagens da multiprogramação.
20. Indicar (no máximo 2) as desvantagens da multiprogramação.
21. Como é que a "multiprogramação" aumenta a utilização da Unidade Central de Processamento (CPU)?
22. Apresentar um diagrama de disposição das memórias de um sistema de multiprogramação devidamente identificado.
23. Como é que o Sistema Operativo (SO) Multi-Programação monitoriza o estado de todos os programas activos e recursos do sistema?
24. Como é que os sistemas operativos (SO) de multiprogramação garantem que a unidade central de processamento (CPU) nunca está inativa?
25. Qual é a única situação em que um processador pode estar inativo num sistema operativo (SO) de multiprogramação?
26. Qual é a principal importância da gestão da memória quando se considera um sistema operativo (SO) de multiprogramação?
27. Elaborar sobre "sistemas em tempo real", que representa uma tarefa a ser tratada pelo sistema operativo (SO).
28. Apresentar (no máximo 2) actividades relacionadas com o sistema em tempo real.
29. Explique o que é a "interatividade", que é uma tarefa realizada pelo sistema operativo (SO).
30. Apresentar (num máximo de 3) actividades relacionadas com a "interatividade" na terminologia dos sistemas operativos (SO).
31. Explicar o que é o "ambiente distribuído", que é uma tarefa gerida pelo sistema operativo (SO).
32. Apresentar (num máximo de 3) actividades relacionadas com o ambiente distribuído na terminologia dos sistemas operativos (SO).
33. Explique o que é o "spooling", que é uma tarefa realizada pelo sistema operativo (SO).
34. O que significa o acrónimo "SPOOL"?
35. Apresentar (no máximo 3) actividades relacionadas com a bobinagem.
36. Indicar (no máximo 2) as vantagens da bobinagem.
37. Porque é que é importante manter a comunicação paralela nas operações de spooling?
38. Que dispositivo de armazenamento é normalmente utilizado como memória intermédia

no spooling?

39. Apresentar algumas desvantagens da bobinagem. (Orientado para a pesquisa na Internet)

Capítulo 5 - Processos do sistema operativo.

1. O que é um "processo" na terminologia do Sistema Operativo (SO)?
2. Quando é que um programa se torna um processo na terminologia do Sistema Operativo (SO)?
3. (i) Enumerar e descrever (num máximo de 4) os componentes de um processo num sistema operativo (SO)

terminologia.

OU

(11) Descreva cada um dos seguintes componentes de um processo na terminologia do sistema operativo (SO):

1. Pilha. ii. Heap. iii. Texto. iv. Dados.

4. O que é um programa?
5. O que se pode concluir quando um programa é comparado com um processo?
6. Definir os seguintes termos:

1. Algoritmo. ii. Software.

7. Definir o termo "estado do processo" na terminologia do sistema operativo (SO).
8. (i) Quantos estados pode ter um processo no sistema operativo (SO)? Enumere e descreva cada um deles

deles.

(11) Quantos estados pode ter um processo de cada vez num sistema operativo (SO)?

9. Descreva cada um dos seguintes estados possíveis de um processo do sistema operativo (SO):

1. Novo. ii. Pronto. iii. A decorrer. iv. Em espera. v. Terminado.

10. (i) Ilustrar esquematicamente os diferentes estados possíveis de um processo de um sistema operativo (SO) e a sua relação em termos de sequência de fluxo.

OU

(11) Ilustrar esquematicamente o ciclo de vida do processo na terminologia do sistema operativo (SO).

11. Descrever o termo "bloco de controlo de processos" (PCB) utilizado no sistema operativo (SO).

12. Como é que um "Bloco de Controlo de Processo" (PCB) é identificado num sistema operativo (SO)?

13. (i) Quantas informações de um "bloco de controlo de processo" (PCB) estão associadas a um processo específico num sistema operativo (SO)? Enumere e descreva cada uma delas.

OU

(11)Descreva cada uma das seguintes informações de um "Bloco de Controlo de Processo" (PCB), utilizado no Sistema Operativo (SO), associado a um processo específico:

1) Estado do processo.
2) Privilégios do processo.
3) ID do processo. 8)
4) Apontador. 9)
5) Contador de programas. 10)
6) Registos da CPU.
7) Informações de programação da CPU.

Informações sobre a gestão da memória.

Contabilidade. informação.

Informação sobre o estado das E/S.

14. Explicar como é que um processo pode ser restaurado se tiver sido suspenso num sistema operativo (SO).

15. O que pode dizer sobre a arquitetura de um "Bloco de Controlo de Processos" (PCB) utilizado nos Sistemas Operativos (SO)?

16. Durante quanto tempo é mantido um "Bloco de Controlo de Processo" (PCB) num sistema operativo (SO)?

17. Quando é que um "Bloco de Controlo de Processo" (PCB) é eliminado num sistema operativo (SO)?

Capítulo 6 - Programação de processos do sistema operativo.

1. Definir o termo "agendamento de processos" na terminologia do sistema operativo (SO).
2. Porque é que o "agendamento de processos" é importante num novo sistema operativo (SO)?
3. Elaborar o conceito de "filas de espera de agendamento" na terminologia do sistema operativo (SO).
4. Onde é que o sistema operativo (SO) mantém todos os "blocos de controlo de processos"

(PCB)?

5. O que acontece quando o estado de um processo é alterado num sistema operativo (SO)?

6. (i) Quantos tipos de filas de espera existem na terminologia dos sistemas operativos (SO)? Enumere-os.

OU

(11) Explique cada uma das seguintes filas de agendamento de processos na terminologia do sistema operativo (SO):

a. Fila de espera de trabalhos. b. Fila de espera pronta. c. Fila de dispositivos.

7. Explique claramente o que acontece quando um processo recém-chegado é colocado na fila de espera do sistema operativo (SO).

8. O que acontece aos processos que ficam bloqueados devido à indisponibilidade do dispositivo no sistema operativo (SO)?

9. Apresente um diagrama adequado que represente o fluxo relacionado com as filas de espera de agendamento de processos nos sistemas operativos (SO).

10. Enumere as diferentes políticas que o sistema operativo (SO) pode utilizar para gerir cada fila.

11. (i) Elaborar o modelo de processo de dois estados do sistema operativo (SO).

OU

(11) Explique cada um dos seguintes estados do modelo de processo de dois estados do sistema operativo (SO):

a. Correr. b. Não está a funcionar.

12. Qual é o papel do expedidor quando se considera o estado de não-execução do modelo de processo de dois estados do sistema operativo (SO)?

13. Descrever o termo "Schedulers" na terminologia do sistema operativo (SO).

14. Qual é a principal tarefa dos programadores na terminologia do sistema operativo (SO)?

15. (i) Enumerar os três tipos de programadores na terminologia dos sistemas operativos (SO). Explicar cada um deles.

OU

(11) Explicar cada um dos seguintes programadores no sistema operativo (SO):

1. Longo prazo. ii. Curto prazo. iii. Médio Prazo.

16. Dê outro nome para o Programador de Longo Prazo utilizado nos Sistemas Operativos (SO).

17. Qual é o principal objetivo do Programador de Longo Prazo utilizado no Sistema Operativo (SO)?

18. O que significa que o grau de multiprogramação é estável nos Programadores a Longo

Prazo dos Sistemas Operativos (SO)?

19. Que tipo de sistema operativo (SO) não tem o Long Term Scheduler?

20. Indicar dois outros nomes para o Programador de Curto Prazo nos Sistemas Operativos (SO).

21. Qual é o principal objetivo do Programador de Curto Prazo nos Sistemas Operativos (SO)?

22. Comparar programadores de longo prazo com programadores de curto prazo em sistemas operativos (SO).

23. Comparar programadores de curto prazo com programadores de médio prazo em sistemas operativos (SO).

24. Comparar programadores de longo prazo com programadores de médio prazo em sistemas operativos (SO).

25. Descrever o mecanismo de "mudança de contexto" no sistema operativo (SO).

26. Apresente um diagrama com uma etiqueta adequada que represente a "mudança de contexto" num sistema operativo (SO).

27. Porque é que as mudanças de contexto são consideradas computacionalmente intensivas nos Sistemas Operativos (SO)?

28. Apresentar um método através do qual alguns sistemas reduzem o tempo de comutação de contexto nos sistemas operativos (SO).

29. Forneça (no máximo 7) informações sobre o que é armazenado quando um processo é comutado no sistema operativo (SO).

Capítulo 7 - Algoritmos de programação de processos.

1. Enumere os seis algoritmos de escalonamento de processos mais populares nos sistemas operativos (SO).

2. Apresentar um algoritmo de escalonamento de processos menos popular nos sistemas operativos (SO).

3) (i) Explicar os seguintes termos em Algoritmos de Escalonamento de Processos em Sistemas Operativos (SO):

a. Preemptivo. b. Não preemptivo. (ii) Diferenciar entre algoritmos de escalonamento de processos "preemptivos" e "não preemptivos" em sistemas operativos (SO).

4. Descreva cada um dos seguintes algoritmos de escalonamento de processos em sistemas operativos (SO):

i. Primeiro a chegar, primeiro a ser servido (FCFS). ii. Trabalho mais curto por ordem de chegada (SJF). iii. Programação de prioridades.

iv. Round robin. v. Programação de filas de espera multinível. vi. Largest-Job-First (LJF).

5. Calcular os tempos médios de espera utilizando cada um dos seguintes algoritmos de escalonamento de processos aplicados a cada um dos seguintes cenários em sistemas operativos (SO): Algoritmos de Escalonamento de Processos: i. Primeiro a chegar, primeiro a ser servido (FCFS). ii. Trabalho mais curto por ordem de chegada (SJF). iii. Escalonamento de prioridades. (l: mais alta)

iv. Round robin (Quantum 3 unidades). v. Maior trabalho por ordem de chegada (LJF).

Cenário 1:

Processo	**Hora de chegada**	**Tempo de execução**	**Prioridade (se aplicável)**
P0	0	5	1
P1	1	3	2
P2	2	8	1
P3	3	6	3

Cenário 2:

Processo	**Hora de chegada**	**Tempo de execução**	**Prioridade (se aplicável)**
P0	10	5	1
P1	11	3	2
P2	12	8	1
P3	13	6	3

Cenário 3:

Processo	**Hora de chegada**	**Tempo de execução**	**Prioridade (se aplicável)**
P0	0	8	1
P1	3	7	2
P2	5	11	1
P3	6	9	3
P4	7	11	2
P5	9	13	1

Cenário 4:

Process o	Hora de chegada	Tempo de execução	Prioridade (se aplicável)
P0	20	8	1
P1	23	7	2
P2	25	11	1
P3	26	9	3
P4	27	11	2
P5	29	13	1

Cenário 5:

Process o	Hora de chegada	Tempo de execução	Prioridade (se aplicável)
P0	0	15	3
P1	4	17	1
P2	6	21	2
P3	7	19	3
P4	9	22	2

[P5 1 11] 23 [1]

Cenário 5:

Process o	Hora de chegada	Tempo de execução	Prioridade (se aplicável)
P0	10	15	3
P1	14	17	1
P2	16	21	2
P3	17	19	3
P4	19	22	2
P5	21	23	1

6. O que acontece quando vários processos têm a mesma prioridade no agendamento de prioridades num sistema operativo (SO)?
7. Indique (no máximo 3) os critérios que são utilizados para atribuir prioridades na programação de prioridades num sistema operativo (SO).
8. Descrever a versão Shortest Remaining Time (SRT) do algoritmo de escalonamento de

processos utilizado nos sistemas operativos (SO).

9. Por que razão é impossível implementar a versão do algoritmo de escalonamento de processos do Shortest Remaining Time (SRT) em sistemas interactivos de sistemas operativos (SO)?

10. Em que situação é que a versão SRT (Shortest Remaining Time) do algoritmo de escalonamento de processos é mais adequada em sistemas operativos (SO)?

Capítulo 8 - Multithreading do sistema operativo.

1. O que é uma "thread" na terminologia do sistema operativo (SO)?
2. No conceito de threading no sistema operativo (SO), qual é o objetivo de cada um dos seguintes elementos?
1. O contador de programa. ii. Os registos do sistema. iii. A pilha.
3. Enumere as três informações que um thread partilha com os seus pares num sistema operativo (OS).
4. Quando uma thread altera um item de memória de um segmento de código num sistema operativo (SO), o que acontece às suas threads semelhantes?
5. Porque é que as threads também são designadas por "processos leves" nos sistemas operativos (SO)?
6. Quais são as duas principais formas que os threads oferecem para melhorar o desempenho das aplicações nos sistemas operativos (SO)?
7. Indicar 5 caraterísticas das threads na terminologia do Sistema Operativo (SO).
8. Faça uma representação esquemática de cada um dos seguintes elementos do sistema operativo (SO):
i. um processo com um único thread.
ii. um processo com múltiplos threads (normalmente 3 para fins académicos).
9. Indicar (num máximo de 6) as diferenças entre processo e thread na terminologia do sistema operativo (SO).
10. Indicar (num máximo de 5) as vantagens do thread na terminologia do sistema operativo (SO).
11. (i) De quantas formas pode um thread ser implementado em sistemas operativos (SO)? Enumere e explique cada uma delas.

Ou

(11) Explicar cada um dos seguintes tipos de threads utilizados nos sistemas operativos (SO):

a. Linhas de nível de utilizador.   b. Threads ao nível do kernel.

12. Indicar (num máximo de 4) as vantagens das threads a nível do utilizador no sistema operativo (SO).

13. Indicar (no máximo 2) as desvantagens dos threads a nível do utilizador no sistema operativo (SO).

14. Indicar (num máximo de 3) as vantagens das threads a nível do kernel no sistema operativo (SO).

15. Apresentar (no máximo 2) as desvantagens dos threads a nível do kernel no sistema operativo (SO).

16. Comparar e contrastar os threads a nível do utilizador e os threads a nível do kernel no sistema operativo (SO).

17. Apresentar sucintamente os modelos de multithreading nos sistemas operativos (SO).

18. (i) Enumerar os três tipos de modelos de multithreading no sistema operativo (SO).

OU

(11)Explicar cada um dos seguintes tipos de modelos de multithreading no sistema operativo (SO).

a. De muitos para muitos.   b. De muitos para um. c. Um para um.

19. Indique (num máximo de 7) as funções fornecidas pelos códigos da biblioteca de threads de um sistema operativo (SO).

20. Dar (no máximo 2) informações que o kernel mantém para gerir as threads ao nível do kernel nos sistemas operativos (SO).

21. Indicar (no máximo 3) as funções que o espaço do kernel pode desempenhar para a gestão das threads do kernel nos sistemas operativos (SO).

22. Elaborar o modelo multithreading na terminologia do sistema operativo (SO).

23. (i) Enumerar os três tipos de modelos de multithreading na terminologia dos sistemas operativos (SO). OU

(11)Explicar cada um dos seguintes tipos de modelos de multithreading na terminologia do sistema operativo (SO):

a. Relação de muitos para muitos.

b. Relação de muitos para muitos.

c. Relação de um para um.

24. Apresente um diagrama adequado que descreva cada um dos seguintes tipos de modelos de multithreading na terminologia do sistema operativo (SO):

i. Relação de muitos para muitos.

ii. Relação de muitos para muitos.

iii. Relação de um para um.

25. Indicar (num máximo de 2) as principais vantagens do modelo de multithreading da relação muitos-para-muitos na terminologia do sistema operativo (SO).

26. Apresentar (num máximo de 3) as principais vantagens do modelo de multithreading de relação um-para-um na terminologia dos sistemas operativos (SO).

27. Apresentar uma desvantagem do modelo de multithreading de relação um-para-um na terminologia do sistema operativo (SO).

28. Dar (no máximo 3) exemplos de sistemas operativos (SO) que utilizam o modelo de multithreading de relação um-para-um.

29. Distinguir entre threads a nível do utilizador e a nível do kernel em sistemas operativos (SO).

Capítulo 9 - Gestão da memória.

1. Explicar a funcionalidade da gestão da memória no sistema operativo (SO).

2. Explicar o termo "espaço de endereçamento de processos" na gestão da memória no sistema operativo (SO).

3. (i) Enumere os três tipos de endereços utilizados num programa antes e depois da atribuição de memória
em sistemas operativos (SO).

OU

(11)Explicar sucintamente cada um dos seguintes tipos de endereços utilizados num programa antes e depois de a memória ser atribuída no sistema operativo (SO):

a. Simbólico. b. Relativo. c. Físico.

4. Quando é que os endereços virtuais e físicos são considerados iguais e quando é que são diferentes nos sistemas operativos (SO)?

5. (i) De quantas formas podem ser efectuadas instruções e dados para endereços de memória no sistema operativo
Sistemas Operativos (SO). Enumere e descreva sucintamente cada um deles.

OU

(11)Explicar cada uma das seguintes formas de transmissão de instruções e dados para endereços de memória num sistema operativo (SO):

a. Tempo de compilação. b. Tempo de carregamento. c. Tempo de execução.

6. Quais são as caraterísticas de cada uma das seguintes terminologias de Sistema Operativo (SO):

1. Carga estática. ii. Carregamento dinâmico.

7. Descrever o termo "carregamento dinâmico" na terminologia do sistema operativo (SO).

8. Qual é a vantagem do "carregamento dinâmico" na terminologia do sistema operativo (SO)?

9. Descrever as seguintes terminologias de sistemas operativos (SO):

1. Ligação. ii. Ligação estática. iii. Ligação dinâmica.

10. Qual é a principal vantagem da "Ligação Dinâmica" em relação à "Ligação Estática" na terminologia do Sistema Operativo (SO)?

11. Definir as seguintes terminologias de sistemas operativos (SO):

i. Endereço lógico. iii. Espaço de endereçamento lógico.

ii. Endereço físico. iv. Espaço de endereçamento físico.

12. Explicar o objetivo da unidade de gestão da memória (MMU) no sistema operativo (SO).

13. Explicar o mecanismo utilizado pela unidade de gestão da memória (MMU) para converter o endereço virtual em endereço físico nos sistemas operativos (SO).

14. Explicar o termo "Swapping" na terminologia do sistema operativo (SO).

15. Apresentar um diagrama com uma etiqueta adequada que descreva a "troca" na gestão da memória na terminologia do sistema operativo (SO).

16. (i) O que se pode dizer sobre o tempo total necessário para a troca de processos em sistemas operativos (SO)?

OU

(11) Como é calculado o tempo total necessário para a troca de processos na gestão da memória em sistemas operativos (SO)?

17. (i) Quantas partições tem a memória principal? Enumere e indique o que está contido em cada uma delas.

OU

(11) Indique o que está contido em cada uma das seguintes partições da memória principal:

a. Pouca memória. b. Memória elevada.

18. (i) Quantos mecanismos de atribuição de memória podem ser utilizados pelo sistema operativo (SO)? Enumere e descreva cada um deles.

OU

(ii) Descrever cada um dos seguintes mecanismos de atribuição de memória em terminologia de Sistema Operativo (SO):

a. Atribuição de uma partição única. b. Atribuição de partições múltiplas.

OU

(iii) Diferenciar entre "alocação de partição única" e "alocação de partição múltipla" em sistemas operativos (SO).

19. Descrever o termo "Fragmentação" na terminologia do Sistema Operativo (SO).

20. (i) Quantos tipos de fragmentação existem nas terminologias dos sistemas operativos (SO)? Enumere e descreva cada um deles.

OU

(ii) Descrever cada um dos seguintes tipos de fragmentação nas terminologias dos sistemas operativos (SO):

a. Fragmentação externa. b. Fragmentação interna.

(iii) Diferenciar entre "fragmentação externa" e "fragmentação interna" nas terminologias do sistema operativo (SO).

21. (i) Como pode ser resolvido o problema da fragmentação externa nos sistemas operativos (SO)?

(11)Como pode o problema da fragmentação interna ser resolvido nos sistemas operativos (SO)?

22. Apresentar um critério para que a compactação seja viável em caso de fragmentação externa no sistema operativo (SO).

23. Explicar a técnica de paginação na gestão da memória no sistema operativo (SO).

24. Explicar como é feita a tradução de endereços na paginação como técnica de gestão da memória no sistema operativo (SO).

25. Qual é o objetivo da tabela de mapas de páginas nos sistemas operativos (SO)?

26. Apresentar (num máximo de 3) as vantagens da paginação como técnica de gestão da memória nos sistemas operativos (SO).

27. Indicar uma desvantagem da paginação como técnica de gestão da memória nos sistemas operativos (SO).

28. Explicar a técnica de segmentação como técnica de gestão da memória nos sistemas operativos (SO).

29. Como é que a segmentação elimina a fragmentação interna nos sistemas operativos (SO)?

30. Como é dividido o endereço gerado pela Unidade Central de Processamento (CPU)?

1. Paging? ii. Segmentação?

31. Diferenciar a segmentação e a paginação como técnicas de gestão da memória nos sistemas operativos (SO).

32. Indicar (num máximo de 3) os elementos contidos na segmentação de um programa quando se considera a segmentação como uma técnica de gestão de memória em Sistemas Operativos (SO).

33. Explicar o objetivo da "tabela de mapas de segmentos" nos sistemas operativos (SO).

34. Apresente um diagrama adequado que represente a utilização da "tabela de mapas de

segmentos" no sistema operativo (SO).

35. Enumere as duas informações que a "tabela de mapas de segmentos" armazena para cada segmento no sistema operativo (SO).

Capítulo 10 - Memória virtual.

1. Explicar o conceito de "Memória Virtual" nos Sistemas Operativos (SO).
2. Qual é a principal vantagem visível da utilização da "Memória Virtual" nos Sistemas Operativos (SO)?
3. Quais são os dois principais objectivos da Memória Virtual nos Sistemas Operativos (SO)?
4. Indique (num máximo de 7) situações em que não é necessário carregar completamente um programa inteiro na memória principal.
5. Enumere as três formas como a Memória Virtual pode ser construída nos Sistemas Operativos (SO).
6. Explicar o sistema de paginação a pedido nos sistemas operativos (SO).
7. O que é uma armadilha de falha de página na terminologia do sistema operativo (SO)?
8. Descrever as 6 etapas do tratamento de falhas de página em sistemas operativos (SO).
9. Apresentar (num máximo de 3) as vantagens do Demand Paging nos sistemas operativos (SO).
10. Apresentar (num máximo de 2) desvantagens do Demand Paging nos sistemas operativos (SO).
11. Elaborar sobre o algoritmo de substituição de páginas e a sua finalidade nos sistemas operativos (SO).
12. Indique (num máximo de 3) os critérios que os algoritmos de substituição de páginas nos sistemas operativos (SO) pretendem cumprir.
13. Como é avaliado um algoritmo de substituição de páginas em sistemas operativos (SO)?
14. Elaborar sobre cadeias de referência na terminologia do sistema operativo (SO).
15. Explicar cada um dos seguintes algoritmos de substituição de páginas em terminologia de sistemas operativos (SO):

i. Algoritmos de primeiro a entrar, primeiro a sair.
ii. Algoritmos de páginas óptimas.
iii. Algoritmos utilizados menos recentemente.
iv. Algoritmos de buffering de páginas.
v. Algoritmos utilizados com menor frequência (LFU).
vi. Algoritmos mais frequentemente utilizados (MFU).

16. Calcule a taxa de falha correspondente para os seguintes algoritmos de substituição de páginas, utilizando os seguintes cenários de cadeias de referência, assumindo os seguintes tamanhos de memória:

Algoritmos de substituição de páginas:

i. Algoritmos de primeiro a entrar, primeiro a sair.

ii. Algoritmos de páginas óptimas.

iii. Algoritmos utilizados menos recentemente.

Cordas de referência:

i. 0, 2, 1, 6, 4, 0, 1, 0, 3, 1, 2, 1.

ii. 2, 6, 1, 0, 3, 6, 4, 2, 1, 0, 5, 3.

iii. 1, 2, 5, 4, 3, 6, 4, 2, 1, 0, 2, 3.

iv. 3, 4, 3, 5, 2, 1, 3, 0, 1, 2, 3, 4.

v. 5, 7, 4, 3, 2, 1, 1, 0, 2, 3, 4, 2.

vi. 4, 3, 2, 1, 0, 1, 3, 2, 4, 5, 6, 7.

vii. 6, 5, 4, 3, 2, 5, 4, 3, 2, 1, 2, 5.

Tamanhos de memória:

i. 4 páginas.

ii. 5 páginas.

iii. 6 páginas.

Capítulo 11 - Hardware de entrada/saída (E/S).

1. Lista (máximo de 13) de dispositivos de entrada/saída (E/S) geridos pelo sistema operativo (SO).

2. Explicar a finalidade de um sistema de entrada/saída (E/S) nos sistemas operativos (SO).

3. (i) Enumerar as duas categorias de dispositivos de entrada/saída (E/S) nos sistemas operativos (SO).

(ii) Explicar cada uma das seguintes categorias de dispositivos de entrada/saída (E/S) na terminologia dos sistemas operativos (SO):

a. Dispositivos de bloqueio. b. Dispositivos de caracteres.

(iii) Distinguir entre "Dispositivos de bloco" e "Dispositivos de caracteres" como categorias de dispositivos de entrada/saída (E/S) nas terminologias do sistema operativo (SO).

4. (i) Elaborar integralmente sobre os "controladores de dispositivos" dos sistemas operativos (SO).

(ii) O que é um "controlador de dispositivo" na terminologia do sistema operativo (SO)?

(iii) Como funciona um "Controlador de Dispositivo" nos Sistemas Operativos (SO)?

(iv) Quais são os dois componentes de uma unidade de entrada/saída (E/S) de um sistema operativo (SO)?

(v) Dar outro nome ao componente eletrónico de uma unidade de entrada/saída (E/S).

(vi) Resumir como um "Controlador de Dispositivo" coopera com um "Controlador de Dispositivo" para funcionar em Sistemas Operativos (SO).

(vii)Como é que os dispositivos são normalmente ligados a um computador?

(viii) Qual é a função do controlador de dispositivo como interface de comunicação utilizada nos sistemas operativos (SO)?

(ix) Fornecer um modelo esquemático de como os dispositivos são ligados ao computador.

5. (i) Qual é a principal caraterística de cada um dos seguintes sistemas operativos (SO) terminologias:

a. Entrada/Saída Síncrona (E/S). b. Entrada/Saída Assíncrona (E/S).

(11)Distinguir entre entrada/saída (E/S) síncrona e assíncrona.

6. (i) Enumere as três abordagens disponíveis nos sistemas operativos (SO) para comunicar com

a Unidade Central de Processamento (CPU) e o Dispositivo.

(ii) Explicar cada uma das seguintes abordagens disponíveis no sistema operativo (SO), para comunicar com a unidade central de processamento (CPU) e o dispositivo:

a. Entrada/Saída de Instrução Especial (E/S).

b. Entrada/Saída (E/S) com mapeamento de memória.

c. Acesso direto à memória (DMA).

(iii) Na Entrada/Saída (E/S) mapeada pela memória, porque é que o dispositivo está ligado diretamente a determinadas posições da memória principal?

(iv) Apresente um diagrama rotulado adequado que represente a funcionalidade de entrada/saída (E/S) mapeada na memória nos sistemas operativos (SO).

(v) Na entrada/saída (E/S) mapeada na memória dos sistemas operativos (SO), qual é o objetivo do buffer na memória?

(vi) Apresentar uma das principais vantagens da entrada/saída (E/S) mapeada na memória na terminologia dos sistemas operativos (SO).

(vii)Para que finalidade principal são utilizadas as entradas/saídas (E/S) mapeadas na memória nos sistemas operativos (SO)?

(viii) Indique (no máximo 2) dispositivos que utilizam entrada/saída (E/S) mapeada pela memória em sistemas operativos (SO).

(ix) i) Indique a principal vantagem do acesso direto à memória (DMA) utilizado nos sistemas operativos (SO).

(x)) Qual é o objetivo do módulo de acesso direto à memória (DMA) utilizado nos sistemas operativos (SO)?

(xi) Indicar o envolvimento da Unidade Central de Processamento (CPU) na utilização do Acesso Direto à Memória (DMA) na perspetiva do Sistema Operativo (SO).

(xii)Explicar o funcionamento do controlador de acesso direto à memória (DMA) nos sistemas operativos (SO).

(xiii) Enumere (no máximo 7) os componentes com que o controlador de acesso direto à memória (DMA) dos sistemas operativos (SO) está programado.

(xiv) Apresentar uma representação esquemática do funcionamento do controlador de acesso direto à memória (DMA) nos sistemas operativos (SO).

(xv)) Descreva a abordagem por etapas através da qual o sistema operativo (SO) utiliza o hardware de acesso direto à memória (DMA).

7. (i) Enumere as duas formas de que o computador dispõe para detetar a chegada de qualquer tipo de entrada.

(ii) Enumerar (num máximo de 2) as caraterísticas comuns das técnicas de "Polling Input/Output (I/O)" e "Interrupts Input/Output (I/O)" utilizadas nos sistemas operativos (SO).

(iii) Explicar cada uma das seguintes técnicas de que um computador dispõe para detetar a chegada de qualquer tipo de entrada:

a. Polling Input/Output (I/O). b. Entrada/Saída de interrupções (E/S).

(iv) Indicar a caraterística comum entre a entrada/saída de polling (E/S) e a entrada/saída de interrupção (E/S) nos sistemas operativos (SO).

(v) Explicar a ineficiência do Polling Input/Output (I/O) nos sistemas operativos (SO).

(vi) Explicar a eficiência da entrada/saída de interrupções (E/S) nos sistemas operativos (SO).

Capítulo 12 - Software de entrada/saída (E/S).

1. (i) Enumere os três níveis em que o software de entrada/saída (E/S) é frequentemente organizado a partir do
perspetiva do sistema operativo (SO).

(ii) Explique em cada um dos três níveis seguintes que o software de entrada/saída (E/S) é frequentemente organizado na perspetiva do sistema operativo (SO):

a. Bibliotecas de nível de utilizador. c. Hardware.

b. Módulos ao nível do kernel.

(iii) Dar alguns exemplos adequados de bibliotecas de nível de utilizador aplicáveis em sistemas operativos (SO). (Orientado para a pesquisa na Internet)

(iv) Explicar um conceito-chave na conceção de software de entrada/saída (E/S) que funciona em sistemas operativos (SO).

(v) Apresentar uma representação esquemática da organização em três níveis do software de entrada/saída (I/O) nos sistemas operativos (SO).

2. (i) Definir os "controladores de dispositivos" utilizados nos sistemas operativos (SO).

(ii) Quem prepara normalmente os "Controladores de Dispositivos" para os Sistemas Operativos (SO)?

(iii) Quais são os métodos actuais de entrega de "Device Drivers" aos clientes?

(iv) Enumere (no máximo 3) as funções desempenhadas pelos controladores de dispositivos que funcionam em sistemas operativos (SO).

(v) Explicar a forma como um controlador de dispositivo trata um pedido nos sistemas operativos (SO).

3. (i) Elaborar sobre os "manipuladores de interrupções" dos sistemas operativos (SO).

(ii) Dê outro nome para "Interrupt Handlers" na terminologia do sistema operativo (SO).

(iii) O que é um "manipulador de interrupções" na terminologia do sistema operativo (SO)?

(iv) Enumere (no máximo 3) as tarefas que um "Interrupt Handler" deve realizar quando ocorre uma interrupção num sistema operativo (SO).

(v) Explicar o "mecanismo de interrupção" dos sistemas operativos (SO).

4. (i) Elaborar um "software de entrada/saída (E/S) independente do dispositivo" que funcione sobre o
Sistema operativo (SO).

(ii) Qual é a função básica do "software de entrada/saída (E/S) independente do dispositivo" que funciona sobre o sistema operativo (SO)?

(iii) Enumerar (no máximo 8) funções de software de entrada/saída (E/S) independente do dispositivo que funciona sobre o sistema operativo (SO).

5. (i) Elaborar sobre o "Software de entrada/saída (E/S) no espaço do utilizador" que funciona sobre o sistema operativo
Sistema (OS).

(11) Porque é que as bibliotecas de entrada/saída (E/S) estão situadas no espaço do utilizador dos sistemas operativos (SO)?

6. (i) Enumere (num máximo de 5) os serviços prestados pelo subsistema de entrada/saída (E/S) do núcleo de

Sistemas operativos (SO).

(ii) Explique cada um dos seguintes serviços prestados pelo subsistema de entrada/saída (E/S) do kernel dos sistemas operativos (SO):

a. agendamento. d. Reserva de dispositivos e spooling.

b. Tampão. e. Tratamento de erros.

c. Armazenamento em cache.

(iii) Nos sistemas operativos (SO), qual é o objetivo de um..:

a. Tampão? b. Spooler?

7. Apresente (no máximo 2) as razões pelas quais o programador de entrada/saída (E/S) do kernel reorganiza a ordem da fila de espera para o dispositivo, no "agendamento" como um serviço prestado pelo subsistema de entrada/saída (E/S) do kernel dos sistemas operativos (SO).

8. Por que razão é necessário o armazenamento em buffer nos serviços do subsistema de entrada/saída (E/S) do kernel dos sistemas operativos (SO)?

9. Qual é a importância do armazenamento em cache nos serviços do subsistema de entrada/saída (E/S) do kernel dos sistemas operativos (SO) ?

Capítulo 13 - Sistema de ficheiros.

1. O que é um "Ficheiro" na terminologia do Sistema Operativo (SO)?

2. Elaborar sobre "Estrutura de ficheiros" na terminologia do sistema operativo (SO).

3. Defina cada uma das seguintes estruturas de ficheiros:

1. Ficheiro de texto. ii. Ficheiro de origem. iii. Ficheiro de objectos.

4. Elaborar sobre o "Tipo de ficheiro" na terminologia do sistema operativo (SO).

5. Explique cada um dos seguintes tipos de ficheiros na terminologia do sistema operativo (SO):

1. Ficheiros ordinários. ii. Ficheiros de diretório. iii. Ficheiros especiais.

6. (i) Os ficheiros especiais na terminologia do sistema operativo (SO) são de 2 tipos: enumere e descreva

eles.

(11) Qual é a principal caraterística de cada um dos seguintes ficheiros especiais na terminologia do sistema operativo (SO)?

a. Ficheiro especial de caracteres. b. Ficheiro especial de bloco.

7. Elaborar sobre "Mecanismos de acesso a ficheiros" na terminologia do sistema operativo (SO).

8. (i) Enumerar (no máximo 3) as formas de acesso aos ficheiros na terminologia do sistema

operativo (SO).

Descreva cada um deles.

OU

(11) Descreva cada uma das seguintes formas de aceder aos ficheiros na terminologia do sistema operativo (SO).

a. Acesso sequencial.

b. Acesso direto/aleatório.

c. Acesso sequencial indexado.

9. Dar um exemplo de um Acesso Sequencial para mecanismos de acesso a ficheiros.

10. (i) Enumere (no máximo 3) as principais formas de atribuição de espaço em disco por um sistema operativo (SO). Explicar cada uma delas.

OU

(11) Explicar cada uma das seguintes formas principais de atribuição de discos pelos sistemas operativos (SO):

i. Atribuição contígua. iii. Atribuição indexada.

ii. Afetação associada.

11. (i) Indicar uma vantagem da atribuição contígua nos sistemas operativos (SO).

(11) Indicar uma desvantagem da atribuição contígua nos sistemas operativos (SO).

12. (i) Indique duas vantagens da atribuição ligada nos sistemas operativos (SO).

(11) Indicar duas desvantagens da atribuição ligada nos sistemas operativos (SO).

13. Qual é a principal vantagem da atribuição indexada no sistema operativo (SO)?

Capítulo 14 - Segurança do sistema operativo.

1. A que se refere o termo "segurança" na terminologia do sistema operativo (SO)?

2. Qual é a comodidade mais importante que necessita de segurança quando se consideram os recursos informáticos?

3. Dar (num máximo de 4) exemplos de ameaças à segurança dos recursos informáticos.

4. Definir o termo "autenticação".

5. (i) Enumerar (no máximo 3) as autenticações aplicadas pelo sistema operativo (SO). Elaborar sobre
cada um deles.

OU

(11) Explique cada uma das seguintes formas de autenticação de utilizadores em sistemas

operativos (SO):

a. Nome de utilizador/palavra-passe. c. Atributos do utilizador.

b. Cartão de utilizador/chave.

6. Dê (no máximo 3) exemplos de atributos de utilizador que podem ser utilizados para autenticar utilizadores em sistemas operativos (SO). (efetuar uma pesquisa na Internet para descobrir mais atributos deste tipo).

7. Explicar o que são "senhas de uso único" (OTP) como medida de segurança para sistemas operativos (SO).

8. (i) Enumere (num máximo de 3) as formas como a palavra-passe de uso único pode ser implementada no sistema operativo

Sistemas Operativos (SO). Descreva cada um deles.

OU

(11) Descreva cada uma das seguintes formas de implementar "palavras-passe de uso único" para segurança no sistema operativo (SO).

a. Números aleatórios. c. Palavra-passe de rede.

b. Chave secreta.

9. Elaborar sobre "ameaças de programas" na terminologia do sistema operativo (SO).

10. (i) Enumere (no máximo 4) ameaças de programas bem conhecidos para o sistema operativo (SO). Explicar cada uma delas.

OU

(11) Explique cada uma das seguintes ameaças de programas conhecidos para o sistema operativo (SO).

a. Cavalo de Troia. c. Bomba Lógica.

b. Alçapão. d. Vírus.

11. Dar um exemplo comum de ameaça de programa no sistema operativo (SO).

12. Definir o conceito de "ameaças ao sistema" na terminologia do sistema operativo (SO).

13. O que é um "ataque ao programa"?

14. (i) Enumere (no máximo 3) ameaças de sistema bem conhecidas para os sistemas operativos (SO). Explicar cada uma delas.

OU

(11) Explique cada uma das seguintes ameaças de sistema bem conhecidas na terminologia do sistema operativo (SO).

a. Verme. b. Port Scanning. c. Negação de serviço.

15. Explicar como um worm pode reduzir o desempenho do sistema dos sistemas operativos (SO).

16. Dar um exemplo de um ataque de "negação de serviço" num sistema operativo (SO).

17. Enumerar as quatro classificações de segurança de acordo com os critérios de avaliação dos sistemas informáticos fiáveis do Departamento de Defesa dos Estados Unidos (EUA).

18. Explicar cada uma das seguintes classificações de segurança de acordo com os critérios de avaliação dos sistemas informáticos fiáveis do Departamento de Defesa dos Estados Unidos da América (EUA).

1. Tipo A. ii. Tipo B. iii. Tipo C. iv. Tipo D.

19. (i) A classificação de segurança do tipo B, de acordo com os critérios de avaliação dos sistemas informáticos fiáveis do Departamento de Defesa dos Estados Unidos da América (EUA), implica três tipos de etiquetas de sensibilidade. Enumere e descreva cada um deles. OU

(11) Descrever cada um dos seguintes tipos de etiqueta de sensibilidade relacionados com a classificação de segurança de tipo B, de acordo com os critérios de avaliação do sistema informático fiável do Departamento de Defesa dos Estados Unidos da América (EUA):

a. B1. b. B2. c. B3.

20. (i) A classificação de segurança do tipo C, de acordo com os critérios de avaliação do sistema informático fiável do Departamento de Defesa dos Estados Unidos (EUA), implica duas formas de proteção. Enumerar e desenvolver cada uma delas. OU

(11) Descrever cada um dos seguintes tipos de proteção relacionados com a classificação de segurança do tipo C, de acordo com os critérios de avaliação do sistema informático fiável do Departamento de Defesa dos Estados Unidos da América (EUA):

a. C1. b. C2.

Capítulo 15 - Sistema operativo Linux.

1. O que se entende por um sistema operativo (SO) de código aberto?
2. Indicar (no máximo 2) caraterísticas de um sistema operativo (SO) de fonte aberta.
3. (i) Enumere (no máximo 3) os componentes principais do sistema operativo Linux (SO). Descrever
cada um deles. OU

(11) Descreva cada um dos 3 componentes seguintes do sistema operativo (SO) Linux

a. Kernel. b. Biblioteca do sistema. c. Utilitário do sistema.

4. Explique cada uma das seguintes terminologias do sistema operativo (SO) Linux:

1. Modo Kernel. ii. Modo utilizador.

5. Apresentar (num máximo de 3) as vantagens do "modo Kernel" na terminologia dos sistemas operativos (SO).

6. Porque é que o "modo Kernel" é considerado muito eficiente para os sistemas operativos (SO)?

7. (i) Enumerar (no máximo 7) caraterísticas básicas importantes do sistema operativo (SO) Linux.

Descrever cada um deles. OU

(ii) Descreva cada uma das seguintes caraterísticas importantes do sistema operativo Linux (SO):

a. Portátil. d. Multiprogramação. g. Segurança.

b. Código aberto. e. Sistema de ficheiros hierárquico.

c. Multiutilizador. f. Concha.

5. Elaborar sobre a "Arquitetura do sistema Linux".

6. (i) Enumere (no máximo 4) camadas da "Arquitetura do Sistema Linux". Descreva cada uma delas.

OU

(11) Explicar os seguintes níveis da arquitetura do sistema Linux:

a. Camada de hardware. c. Concha

b. Kernel. d. Utilitário.

Secção 3: Conclusão

3.1 Resumo deste manuscrito.

Este manuscrito contém um conjunto de perguntas para dois módulos, nomeadamente Redes e Sistemas Operativos, aplicáveis a cursos universitários maioritariamente de licenciatura. Considera-se aqui que este manuscrito facilitará aos académicos de todas as idades (sobretudo jovens) a obtenção de um conjunto de perguntas prontas para os dois módulos em TIC. Os académicos podem apreciar o manuscrito e adaptar as perguntas para outros fins, à sua discrição. As perguntas e exercícios aqui aplicáveis são maioritariamente teóricos e não requerem assistência de hardware. Algumas perguntas estão definidas como "orientadas para a pesquisa na Internet". A pesquisa aqui pretendida pode ser efectuada facilmente através de um computador de secretária, portátil, tablet ou smartphone.

3.2 Pressupostos considerados.

Todos os estudos se baseiam geralmente em determinados pressupostos viáveis. Os pressupostos para este manuscrito são os seguintes:

1. O hardware necessário para o estudo correspondente e a pesquisa na Internet é disponibilizado aos alunos. Para o efeito, a escola pode fornecer os materiais ou os alunos podem obtê-los através de patrocínio ou de compra própria.
2. Espera-se que as especificações de hardware correspondam às tendências actuais.
3. Os alunos têm conhecimentos suficientes de uma língua de redação de relatórios, seja o inglês ou outras línguas, para redigir os relatórios e as respostas adequados.
4. Espera-se que os treinadores façam um acompanhamento de perto e que o trabalho de grupo seja reforçado sempre que necessário.

3.3 Estabelecimento de bases para trabalhos futuros.

O trabalho aqui apresentado abre perspectivas de mais vias de trabalho abertas noutros módulos e alarga possíveis temas de trabalhos e projectos nestes módulos, quer em TIC quer noutras áreas de estudo.

No futuro, podem ser concebidas mais perguntas tutoriais e tópicos de trabalho deste tipo, para enriquecer os futuros formadores no desenvolvimento dos seus programas de formação e até para os inspirar a realizar os seus próprios interesses de investigação.

Printed by Books on Demand GmbH, Norderstedt / Germany